W0310044

NAME: Justus Jonas
FUNKTION: Erster Detektiv
FRAGEZEICHENFARBE: weiß
BESONDERE MERKMALE: das Superhirn der drei ???; Meister der Analyse und Wortakrobatik; erstaunlich schneller Schwimmer; zu Hause auf dem Schrottplatz von Tante Mathilda und Onkel Titus; zupft beim Nachdenken an seiner Unterlippe
IST FAN VON: Tante Mathildas Kirschkuchen und Denksport aller Art

NAME: Peter Shaw
FUNKTION: Zweiter Detektiv
FRAGEZEICHENFARBE: blau
BESONDERE MERKMALE: für körperliche Herausforderungen immer zu haben, dafür kein Ass in der Schule; großer Tierfreund; Spezialist für Schlösser aller Art, die seinem Dietrichset einfach nicht standhalten können; neigt zu Vorsicht und Aberglauben
IST FAN VON: schnellen Autos (insbesondere seinem MG), der südkalifornischen Sonne, so ziemlich jeder Sportart

Die drei
???

Die drei ???

1.000 Spuren
DEIN FALL
Deine Lösung

Teuflisches Foul

erzählt von Evelyn Boyd

Kosmos

Umschlagillustration von Silvia Christoph, Berlin
Umschlaggestaltung von eStudio Calamar, Girona, auf der Grundlage der Gestaltung von Aiga Rasch (9. Juli 1941 – 24. Dezember 2009)

Unser gesamtes lieferbares Programm und viele weitere Informationen zu unseren Büchern, Spielen, Experimentierkästen, DVDs, Autoren und Aktivitäten findest du unter kosmos.de

MIX
Papier aus verantwortungsvollen Quellen
FSC® C014496

Gedruckt auf chlorfrei gebleichtem Papier

© 2020, Franckh-Kosmos Verlags-GmbH & Co. KG, Stuttgart
Alle Rechte vorbehalten
Mit freundlicher Genehmigung der Universität Michigan

Based on characters by Robert Arthur.

ISBN 978-3-440-14845-7
Redaktion: Anne Pagel
Lektorat: Nina Schiefelbein
Produktion, Layout und Satz: DOPPELPUNKT, Stuttgart
Druck und Bindung: GGP Media GmbH, Pößneck
Printed in Germany / Imprimé en Allemagne

Lieber Leser,

du kennst die drei ??? aus Rocky Beach? Du hast Justus Jonas, Peter Shaw und Bob Andrews schon bei früheren Fällen über die Schulter geschaut? Dann weißt du ja, dass Detektivarbeit viel Köpfchen, flinke Beine und gute Menschenkenntnis erfordert. Das alles bringen die drei jungen Detektive mit, aber für Unterstützung sind sie dennoch dankbar. Und da kommst du ins Spiel.
Immer wieder müssen die drei ??? bei diesem Fall schwierige Entscheidungen treffen, und das in einem einsam, mitten in einem Nationalpark gelegenen Fußballtrainingslager. Welchem der seltsamen Vorfälle in dem Camp sollen sie zuerst nachgehen? Sollen sie sich wirklich auf die Fährte des heulenden Monsters begeben, das die Jungen immer tiefer in den Wald locken will? Und können sie Skinny Norris trauen – oder macht er gemeinsame Sache mit dem Saboteur?
Hilf den drei ???, indem du ihnen als vierter Detektiv solche Entscheidungen abnimmst!
Das ist keine einfache Aufgabe: Nicht alles ist so, wie es scheint, und nicht jede Spur bringt dich zum Ziel. Ein früher Erfolg kann ins Leere führen, und wenn die drei ??? denken, alles sei vorbei, nehmen die Ermittlungen möglicherweise erst richtig Fahrt auf. Da hilft es, wenn wenigstens du die Nerven behältst und auch zwischen den Zeilen liest.

Anders gesagt: *Dein Fall* braucht – dich.
Viel Erfolg bei den Ermittlungen!

Personenverzeichnis

Jimboy Jonas bewährt sich als Aushilfstrainer mit Bauchgefühl
Hank Williams erzählt gerne Geschichten
Molly Winter hat alles fest im Griff
Tom Paisley ist ein Trainer mit Vergangenheit
Skinny Norris gibt den Ton an
Esteban Lopez steckt immer ein
Carter Phillips macht sich ganz besonders beliebt
Bowen Brown sieht überall Monster
Riley Clark ist ein Ass auf dem Fußballplatz
Mike Bishop ist ein Ranger, der nicht lange fackelt
Phil Taylor wäre lieber Stürmer
Charly Davis ist immer vor Ort
Sascha Marx ist ein Physiotherapeut, der jeden Kniff kennt
Mr und Mrs Clark haben alles unter Kontrolle
Robert Craine ist Schulleiter und Fußballfan
Das Waldmonster sorgt für Aufruhr im Camp

… und *du* – denn du triffst die Entscheidungen!

»Endlich!« Peter Shaw ließ sich erschöpft auf die Sitzbank der Zentrale fallen. Die Zentrale war ein alter Campinganhänger, der verborgen unter einem riesigen Haufen Gerümpel auf dem Gelände des »Gebrauchtwarencenters Titus Jonas« stand und nur über gut getarnte Geheimgänge betreten werden konnte. Sie war der Mittelpunkt des Detektivunternehmens der drei ??? und mit allem ausgerüstet, was sie für ihre Ermittlungsarbeit benötigten.

Peters Detektivkollegen Justus Jonas und Bob Andrews hatten es sich in der Sitzecke bereits gemütlich gemacht. Auf dem Tisch vor ihnen standen zwei Gläser mit Eistee und ein Teller mit Schokoladenbrownies, von denen sich Justus gerade bediente. »Ist dein Zeugnis möglicherweise nicht zu deiner Zufriedenheit ausgefallen, Zweiter?«, erkundigte sich der Erste Detektiv beiläufig.

Peter seufzte nur und streckte die Beine unter dem Tisch aus. »Zu deiner Information, Just, mein Zeugnis ist gut, sogar die Mathenote ist okay – obwohl ich kaum Zeit hatte, mich auf die letzte Arbeit vorzubereiten, weil du ja unbedingt den irrwitzigen Auftrag annehmen musstest, die verschwundene Teekanne dieser verrückten Mrs Wheeler wiederzubeschaffen«, grummelte er.

Bob grinste seinen Freund an. »Immerhin hatte Mrs Wheeler behauptet, die Kanne wäre von einem bösen Geist besessen, und du weißt doch, dass unser Erster keinem mysteriösen Rätsel widerstehen kann.«

»Es gab durchaus triftige Hinweise, die auf einen außergewöhnlichen, ja sogar spezialgelagerten Sonderfall hindeuteten«, verteidigte sich Justus.

Peter rollte mit den Augen. »Wenn du mich fragst, hatten wir in letzter Zeit definitiv zu viele spezialgelagerte Sonderfälle! Da muss irgendwo ein Nest sein!«
Bob lachte. »Na ja, bei der Teekannen-Sache hat sich dann ja rausgestellt, dass es sich nur um eine Finte der alten Dame gehandelt hat, damit wir ihr gutes Porzellan wiederfinden. Nichts Mystisches und schon gar kein Geist!«
»Ja, das war wirklich enttäuschend«, gab Justus zu.
»Jedenfalls fangen morgen endlich die Sommerferien an. Wir haben aktuell keinen ›spezialgelagerten Sonderfall‹ und können uns ganz auf unsere Ferienplanung konzentrieren.« Peter rieb sich freudig die Hände. »Was steht bei euch an? Jeffrey und ich haben eine Rennradtour entlang des Highway Number One geplant. Das wird super!«
Bob zuckte mit den Schultern. »Ehrlich gesagt, hatte ich gehofft, wir drei könnten gemeinsam zelten gehen. Meine Eltern wollen nämlich drei Wochen allein verreisen. In so ein komisches Romantikhotel in der Nähe der Niagarafälle.«
Peter lachte. »Das klingt ja fast nach Hochzeitsreise.«
»Ob du es glaubst oder nicht, Peter, so ähnlich hat sich meine Mutter auch ausgedrückt. Sie möchte mit meinem Vater noch einmal die Anfangszeit ihrer Liebe auffrischen, quasi als zweite Flitterwochen. Dabei störe ich nur.«
»Ist doch super«, tröstete Peter seinen Freund, »dann hast du Zeit, etwas mit uns zu unternehmen.«
»Ich dachte, du wolltest lieber mit Jeffrey radeln gehen?«, warf Justus ein.
»Also erst einmal würde ich unsere Tour nicht als radeln bezeichnen«, stellte Peter klar, »und außerdem starten wir erst

in zwei Wochen. Bis dahin ist also noch genug Zeit für uns, etwas zu unternehmen, und zelten klingt in meinen Ohren echt großartig. Das haben wir schon lange nicht mehr gemacht. Was denkst du, Just?«

Ein lautes Klingeln hielt den Ersten Detektiv davon ab zu antworten. Er griff zum Telefonhörer. »Ja, hier Justus Jonas von den drei Detektiven ... Oh hallo, Jimboy, wir haben ja schon ewig nichts mehr von dir gehört! Wie geht es dir?« Der Erste Detektiv schwieg eine Weile und lauschte den Ausführungen, die sein Cousin am anderen Ende der Leitung machte. Er murmelte nur hin und wieder ein »Aha«, »Soso« oder »Das ist ja sehr interessant«.

Peter und Bob wechselten einen Blick.

»Da erinnert man unseren Ersten einmal nicht daran, den Verstärker anzumachen, und prompt unterlässt er es«, bemerkte der Zweite Detektiv spitz. Er beugte sich vor und drückte selber auf den Knopf.

»... jedenfalls gehen hier wirklich merkwürdige Sachen vor. Ich mache mir ehrlich Sorgen«, war nun Jimboys Stimme über den Lautsprecher zu hören.

»Hallo, Jimboy, jetzt können wir dich auch hören. Ich hab mal den Verstärker eingeschaltet«, warf Peter ein.

»Ah, hallo, Peter. Und Bob ist demnach auch da«, begrüßte Jimboy die beiden Detektive.

»Ja, ich bin auch hier«, meldete sich der dritte Detektiv.

»Vielleicht magst du noch einmal wiederholen, was passiert ist, Jimboy«, forderte Justus seinen Cousin auf.

»Gerne. Ich habe einen Ferienjob als Jugend-Fußballtrainer in einem Sommercamp für besonders begabte Schüler angenommen. Das Camp findet in einer Sportlodge im Kings-Canyon-Nationalpark statt. Dieses Trainingslager wird nur für ausgewählte Schüler ausgerichtet, die gute Chancen auf eine Profikarriere als Fußballspieler haben. Drei Highschools aus Kalifornien sind an dem Projekt beteiligt. Unter allen Trainingsteilnehmern werden am Ende des Camps zwei besonders talentierte Spieler ausgewählt. Sie bekommen die einmalige Chance, in ein englisches Sportinternat aufgenommen zu werden, wo sie entsprechend gefördert werden und sogar die Möglichkeit bekommen, am Jugendtraining von Manchester United teilzunehmen.«

Bob stieß einen anerkennenden Pfiff aus. »Das ist tatsächlich eine tolle Chance.«

»Ja«, bestätigte Jimboy. »Es ist ein äußerst exklusives Internat, dessen Aufnahmeprüfung nur durch herausragende sportliche Leistungen zu schaffen ist. Und es gilt als Sprungbrett für junge Talente in die großen englischen Fußballclubs und auch andere europäische Fußballvereine. Ihr könnt euch vorstellen, dass die Jungs hier alle ganz schön aufgeregt sind.«

Peter machte große Augen. »Wahnsinn, das könnte die Eintrittskarte in die internationale Fußballszene sein.«

Justus nickte. »Genau, Zweiter. Jimboy hat mir eben schon berichtet, dass für die Auswahl der Schüler am Ende des Trainingslagers extra der Talentscout des englischen Internats eingeladen wurde. Das Camp läuft bereits seit einer Woche. Die entsprechenden Schüler wurden für die Teilnahme sogar fünf Tage vor Ferienbeginn vom Unterricht freigestellt.«

»Das klingt alles wirklich super«, sagte Bob, »aber als Peter den Verstärker eingeschaltet hat, sagtest du gerade, es würden merkwürdige Sachen vor sich gehen, Jimboy. Was für Sachen denn?«

»Zuerst wurden Fußballschuhe geklaut, dann die gesamten Kleidungsstücke eines Spielers in den See geworfen. Wir dachten erst, es sind alberne Streiche, aber vorletzte Nacht hat jemand mehrere Trikots zerschnitten. Die Fetzen lagen vor dem Mannschaftszelt. Die Spieler waren ganz verstört, als sie sie gestern Morgen fanden. Und jetzt ...«, Jimboy machte eine kleine Pause, »... und jetzt sind da auch noch diese unheimlichen Laute aus dem Wald.«

Peter richtete sich auf. »Was für Laute?«

»Na ja, so gruseliges Heulen und Brüllen. Ich weiß auch nicht.«

»Heulen und Brüllen?«, murmelte Peter leise. »Das klingt ja verlockend.«

»Vermutlich ein Tier«, warf Justus leichthin ein.

»Auf jeden Fall überlegen einige Teilnehmer abzureisen.«

»Verständlich«, kommentierte Bob.

»Schon, aber das wäre eine Katastrophe für den Erfolg des Trainingslagers«, erklärte Jimboy. »Mr Craine, der Schulleiter der Los Angeles Highschool, hat dieses Förderprojekt organisiert und mithilfe von Spenden und Schulgeldern ermöglicht. Er ist ein großer Fußballfan. Allerdings sind die Mittel begrenzt. Wenn dieses Fördercamp fehlschlägt, wird es wohl keine weiteren Schulprojekte dieser Art mehr geben.«

»Fußball steht bei uns immer noch eher in der zweiten Reihe hinter Baseball, Football und Basketball. Zumindest bei den Männermannschaften.« Peter zuckte die Schultern. »Eigentlich schade.«

»Könnt ihr nicht herkommen und aufklären, wer für die Sabotageakte verantwortlich ist, und den Schuldigen überführen? Ich besorge euch Jobs hier im Camp. Wir brauchen sowieso noch dringend Helfer und dann könnt ihr nebenbei ermitteln«, bat Jimboy. »Ihr wärt unsere Rettung.«

»Wir kommen natürlich gerne und helfen dir«, entschied Justus. »Bob und Peter wollten sowieso zelten gehen und im Nationalpark ...«

»Moment mal. Nicht so schnell«, unterbrach Peter. »Ich verstehe das mit den Sabotageakten, aber das kann doch nicht alles sein! Also wenn ich die Chance auf ein Stipendium bei diesem Internat hätte und sogar bei Manchester United trainieren dürfte, würde ich doch nicht wegen solcher Lappalien abreisen. Da muss doch noch mehr dahinterstecken.«

»Das stimmt«, pflichtete Bob seinem Freund bei.

»Na ja, da ist tatsächlich noch etwas ...« Jimboy schien für einen Moment zu überlegen. »Es sind nicht nur seltsame Laute aus dem Wald zu hören. In der letzten Nacht wurde ein großer, zottiger Schatten gesehen, der zwischen den Blockhäusern herumschlich. Jetzt macht die irrsinnige Vermutung die Runde, dass es sich um ein Monster handelt, das im Dunkeln durch den Wald – und das Camp – streift.«

Peters Augen weiteten sich. »Na toll, ein Waldmonster!«

»Ich glaube nicht eine Minute an ein Monster. Kollegen, wie oft in unserer Detektivkarriere hatten wir es schon mit einem echten Monster zu tun?« Justus blickte seine Freunde herausfordernd an.

»Was war mit dem Bergmonster? Das war ein echtes Monster. Wenn das nun sein Bruder ist?«, ereiferte sich Peter.

»Ob das wirklich ein echtes Bergmonster war, ist nicht mit letzter Sicherheit bewiesen«, warf Justus ein. »Und hier vermute ich doch stark, dass es sich um einen Schwarzbären handelt, der das Camp nach Futter durchsucht.«
»Ein Schwarzbär, der heult?«, fragte Peter skeptisch.
»Im Kings-Canyon-Park soll es auch Kojoten und in den abgelegenen Teilen sogar Berglöwen geben. Vielleicht hat sich einer in das Gebiet verirrt.«
»Schwarzbären und Berglöwen, als ob mich das nun beruhigen soll«, murmelte Peter vor sich hin.
»Würdet ihr trotzdem kommen?«, fragte Jimboy. »Wenn ihr uns nicht helft, werden vielleicht keine Spieler mehr hier sein, wenn der Talentscout anreist.«
»Komm schon, Peter. Gib dir einen Ruck.« Bob lachte.
»Also schön. Ich bin dabei«, grummelte Peter.
»Ausgezeichnet. Wir kommen. Allerdings solltest du niemanden in unsere wahre Identität einweihen, damit wir unentdeckt ermitteln können«, bat Justus.
»Super, ich freue mich.« Jimboy klang ehrlich erleichtert. »Ich werde gleich bei Molly nach den Jobs für euch fragen. Der zweite Hilfstrainer ist aufgrund einer Knieverletzung nicht angereist. Das könntest du doch übernehmen, Peter. Du verstehst ja eine Menge von Fußball. Justus könnte vielleicht als Zeugwart aushelfen und für dich finde ich auch noch etwas, Bob.«
»Prima. Wir klären das mit unseren Eltern und reisen, wenn möglich, morgen an.«

Lies weiter auf Seite 77.

Du bist von Seite 76 hierhergelangt.

»Ach komm, Peter, reiß dich zusammen. Da wir schon mal hier sind, sollten wir herausfinden, was es mit den Geräuschen auf sich hat.«

»Ich habe befürchtet, dass du das sagst, Just.« Peter seufzte. »Also gut, lasst uns dem Heulen folgen.«

»Wir sollten auf jeden Fall Zeichen hinterlassen, damit wir hinterher wieder aus dem Wald herausfinden.« Der Erste Detektiv zog ein Stück weiße Kreide aus der Hosentasche und markierte einen Baumstamm mit einem Fragezeichen. Justus hatte sich zu Beginn ihres Detektivunternehmens dieses System ausgedacht, das den drei ??? schon in so manchem Fall geholfen hatte. Wenn sie besondere Objekte markieren oder sich in einem fremden Gelände zurechtfinden wollten, hinterließen sie Fragezeichen aus Kreide. Der Erste Detektiv benutzte dabei weiße, Peter blaue und Bob rote Kreide.

»Prima, dass du an die Kreide gedacht hast«, freute sich Bob. »Also, ab jetzt sollten wir uns so leise und unauffällig wie möglich bewegen. Schaltet eure Taschenlampen aus. Meine muss reichen.« Justus lenkte den Strahl seiner Lampe direkt vor ihnen auf den Boden. Er wandte sich in die Richtung, aus der immer noch die schauerlichen Laute erklangen. Peter und Bob folgten ihm.

Der Weg stieg an und nach einer Weile standen sie vor einer Felswand.

»Und das war's jetzt? Hier endet der Weg?«, fragte Bob verhalten.

»Das kann ich mir nicht vorstellen«, antwortete Justus leise. Er leuchtete die Wand ab und entdeckte einen Durchlass im Felsen. »Hier scheint der Eingang zu einer Höhle zu sein.«

Wieder ertönte das Brüllen. Es hallte extrem laut aus der Öffnung heraus. Gerade wollte sich Peter die Ohren zuhalten, als das Geräusch verstummte. Die plötzliche Stille wirkte noch unnatürlicher als das klagende Heulen und Brüllen zuvor.
Justus beugte sich vor. »Seht euch diesen Höhleneingang an. Die Felswände verengen sich im Verlauf. Dadurch entsteht eine natürliche Trichterform nach außen. Dieser Gang hat das Brüllen wie ein Megafon verstärkt.« Der Erste Detektiv leuchtete mit seiner Taschenlampe in den dunklen Gang hinein.
»Du willst doch da nicht wirklich rein, Erster. Das ist völlig verrückt«, zischte Peter.
Doch da war Justus bereits in die Höhle geschlüpft. »Was ist, Zweiter, kommst du?«
Peter seufzte und folgte seinem Freund. Zusammen sahen sie sich um.
»Es wird ziemlich eng da vorne«, bemerkte Peter.
»Auch wenn jetzt nichts mehr zu hören ist, sollten wir uns den Gang näher ansehen.«
»Wenn du mich fragst, Just, ist das eine Falle. Jemand lockt uns in diese Höhle«, flüsterte Peter.
»Das könnte durchaus sein, Zweiter«, gab Justus zu. Er drehte sich zu Bob um, der ihnen gerade folgen wollte, und sagte: »Dritter, du bleibst besser draußen und behältst den Eingang im Auge. Peter und ich sehen uns nur kurz hier um. Sollten wir innerhalb von 15 Minuten nicht zurückkommen, holst du Hilfe.«
Bob nickte. »Alles klar.« Er setzte sich ein paar Meter weiter auf einen umgestürzten Baumstamm.
Justus und Peter bewegten sich vorsichtig tiefer in die Höhle

hinein. Der felsige Untergrund war glitschig und der Gang hatte ein leichtes Gefälle, sodass Justus und Peter aufpassen mussten, nicht auszurutschen. Der Erste Detektiv stützte sich mehrmals mit einer Hand an den rauen Felsen ab, während er in der anderen die Taschenlampe hielt, um den Weg zu erleuchten.

Schließlich verengte sich der Gang zu einer schmalen Felsspalte. Justus spähte hindurch. Im Schein seiner Taschenlampe erblickte er eine dahinterliegende Höhle. Sie war nahezu kreisrund. Kein Mensch war zu sehen, aber etwas oberhalb an der Felswand hatte jemand mit Panzertape ein Mobiltelefon und einen Funklautsprecher befestigt.

Justus lächelte zufrieden. »Wie ich erwartet hatte!« Er schob sich durch den Spalt und betrat die kleine Höhle. Der Zweite Detektiv folgte ihm.

»Damit wäre zumindest geklärt, wo das Heulen herstammt. Die Höhle hat die Laute auch noch mal verstärkt.«

»Sicher, Justus, aber bis zum Camp reicht dieses Heulen niemals. Jemand hat uns vom Wald aus bewusst in diese Höhle gelockt. Und derjenige müsste noch in der Nähe sein.«

»Stimmt, Zweiter. Lass uns schnell das Telefon und den Lautsprecher sicherstellen und hier verschwinden.«

Er riss das Tape von der Wand und steckte gerade das Handy in seine Tasche, als ein Geräusch die beiden Jungen herumfahren ließ. Es klang, als ob einige kleinere Gesteinsbrocken vor dem Eingang herabfielen.

»Hast du das gehört, Just? Wir müssen hier raus!«

Eilig zwängten sich die beiden durch den Spalt zurück in den Gang. Im selben Moment erklang ein lautes Donnern und

Grollen. Sie rannten zum Eingang und sahen mit Entsetzen, dass der Höhleneingang nun mit Erde und Felsbrocken versperrt war.
»Oh, ich wusste es«, schimpfte Peter. »Es war eine Falle. Jemand hat uns gezielt hier eingesperrt.«
»Ob der Erdrutsch bewusst herbeigeführt wurde, steht nicht mit letzter Sicherheit fest. Es könnte sich auch um ein Versehen handeln.«
»Das interessiert mich nicht. Ich will hier raus!« Peter begann hektisch, mit den Händen die Erde zwischen den Felsstücken, die den Eingang versperrten, herauszukratzen. Dann schlug er mit den Fäusten gegen die Brocken. Doch es bewegte sich nichts. »Bob! Hörst du uns? Bob!«
Alles blieb still. »Das kann doch nicht wahr sein!«, schimpfte Peter. »Warum antwortet er nicht! Er muss uns doch hören!«
»Beruhige dich, Zweiter. Wir waren schon vorher in einer Höhle eingesperrt. Erinnerst du dich zum Beispiel noch an unseren Fall mit dem Gespensterschloss?«
»Natürlich, aber aus der Höhle konnten wir uns befreien. Bei diesen Felsbrocken sehe ich da keine Möglichkeit. Wir sind gefangen!«
»Ja, für den Moment«, gab Justus zu. »Aber Bob ist schließlich auch noch da. Er wird Hilfe holen.«
»Wenn ihm nichts zugestoßen ist.« Peters Stimme nahm einen leicht hysterischen Klang an. »Vielleicht hat der Erdrutsch ihn verschüttet. Warum sind wir nur weiter in den Wald gelaufen? Wir hätten zurück ins Camp gehen sollen.«
»Bob ist sicher nichts passiert«, widersprach Justus. »Und womöglich hat er die Person sogar beobachtet, die den Erd-

rutsch verursacht hat. Dann könnten wir den Täter in diesem Fall überführen.«

»Dieser *Fall* interessiert mich gerade überhaupt nicht. Ich will nur hier raus!« Peter hämmerte erneut mit seinen Fäusten gegen die Felsen. »Hilfe, Bob! Wir sitzen hier fest!«

Aber draußen rührte sich weiterhin nichts.

»Bestimmt ist Bob schon losgelaufen, um Hilfe zu holen«, versuchte Justus seinen Freund zu beruhigen, doch seine Stimme zitterte leicht.

Lies weiter auf Seite 84.

»Wo wollen wir anfangen uns umzusehen?«, fragte Bob.

»Ich schlage vor, bei den Spinden«, antwortete Peter. »Wenn Carter wirklich einen Sabotageakt mit Capsaicin-Salbe plant, schmiert er vielleicht irgendetwas von der Ausrüstung damit ein.«

Die zwei Detektive verließen das Mannschaftszelt und schlugen den Weg zur Kleiderkammer ein. In der Ferne sahen sie, wie Skinny Norris die Hütte betrat.

»Na, der hat mir gerade noch gefehlt«, murmelte der Zweite Detektiv.

»Wir sollten vielleicht erst einmal einen Blick durchs Fenster werfen und beobachten, was Skinny dort treibt. Und falls Carter da auftaucht, bemerken wir ihn auch«, schlug Bob vor. »Dann können wir ihn zur Rede stellen.«

Sie schlichen zur Blockhütte und spähten durch das Fenster. Skinny stand vor Rileys Spind und öffnete ihn mithilfe eines Dietrichs.

»Was treibt er denn da?«, flüsterte Peter.

Bob zwinkerte. »Anscheinend macht er dir als Schlossknacker Konkurrenz, Zweiter.«

»Also doch! Er ist unser Saboteur! Ich wusste es.« Peter schnaubte. »Den schnappe ich mir!«

Er stieß sich vom Fenster ab und wollte in die Hütte stürzen, aber Bob hielt seinen Freund am Ärmel fest. »Nur nichts übereilen, wie Justus sagen würde. Wenn Skinny der Saboteur ist, warum haben wir dann die Nachricht in Carters Bett gefunden?«

»Weil Skinny ihn vermutlich als Sündenbock braucht«, vermutete Peter.

Du bist von Seite 36 hierhergelangt.

»Dann hat er Carter womöglich irgendwo eingesperrt«, mutmaßte Bob sichtlich geschockt.
Sie beobachteten, wie Skinny etwas in den Spind steckte und dann die Tür wieder verschloss. Er drehte sich um und verließ die Kleiderkammer.
»Was machen wir jetzt?«, fragte Bob leise.
»Wir folgen ihm«, entschied Peter. »Wir müssen unbedingt mehr herausfinden.«
Skinny lief schnurstracks zu der Blockhütte, die der Physiotherapeut Sascha für seine Behandlungen nutzte. Er trat ein, ohne anzuklopfen.
Peter und Bob huschten unauffällig näher an die Hütte heran und spähten durchs Fenster. Es war leicht geöffnet und so konnten die zwei Detektive auch der Unterhaltung im Innern folgen. Die beiden Männer begrüßten sich und der Therapeut führte Skinny zu einer Behandlungsliege. Skinny zog sein T-Shirt aus, legte sich auf den Bauch und Sascha begann, seine Schultern durchzukneten.
»Nicht zu fassen«, murmelte Bob. »Der lässt sich eine Massage verpassen. Und jetzt?«
Drinnen erklang ein Handyklingeln.
»Entschuldige«, dröhnte Saschas Stimme. »Das ist wichtig. Ich bin gleich wieder da.« Er verließ die Hütte. Zum Glück blieb er direkt vor der Tür stehen und entdeckte die beiden Jungen nicht, die sich um die Ecke eng an die Wand drückten. Sie hörten den Physiotherapeuten leise sagen: »Natürlich, Mr Clark. Alles läuft nach Plan. Das mit diesem Paisley hat zwar nicht so geklappt wie erhofft, aber sonst alles bestens ... Ja, Esteban und Bowen ... Nein, um Carter müssen Sie sich keine

Sorgen machen. Der ist auch bald so weit … Sicher, ich rufe Sie an. Und Sie haben ja auch meine Mails bekommen. Jetzt muss ich mich um meinen Patienten kümmern. Ich habe gerade eine Behandlung. Bis dann.«

Peter und Bob sahen sich an. »Das war ja sehr interessant.«

Sie wandten sich wieder dem Fenster zu und konnten noch sehen, wie Skinny hastig vom Schreibtisch des Physiotherapeuten zurück zur Behandlungsliege lief. Er legte sich gerade rechtzeitig wieder hin, bevor Sascha die Hütte betrat.

»Sieh an, Skinny hat also die Abwesenheit von Sascha genutzt, um dessen Schreibtisch zu durchsuchen«, bemerkte Bob.

Peter nickte. »Wir sollten uns dringend mal mit ihm unterhalten.«

Die beiden Detektive warteten, bis die Behandlung beendet war, und folgten Skinny. Dieser steuerte wieder die Kleiderkammer an. Sie gingen mit etwas Abstand hinterher und klopften an die Holztür. Als nichts passierte, traten sie einfach ein. Im vorderen Teil der Hütte war niemand, also gingen sie um die Spinde herum.

Skinny saß an seinem Arbeitstisch. Er hatte sein Smartphone auf dem Tisch liegen und hörte über Kopfhörer laut Musik.

Als er Peter und Bob bemerkte, hob er den Kopf und nahm die Ohrstöpsel raus. »Ach, sieh mal an, Schisser Shaw und Mr Unwichtig Andrews kommen mich besuchen. Wo habt ihr denn euren Oberidioten Justus Mac Sherlock gelassen?« Skinny setzte sein überhebliches Grinsen auf.

»Spuck nicht so große Töne, Skinny«, fuhr ihn Peter ungehalten an. »Wir haben beobachtet, wie du dich an Rileys Spind zu schaffen gemacht hast.«

»Ach ja?« Skinny streckte sich übertrieben gelangweilt. »Dann will ich dir mal eine kostenlose Information geben, Shaw. Ich bin hier der Zeugwart.«

»Das berechtigt dich nicht, fremde Spinde zu knacken«, entgegnete der Zweite Detektiv. »Also, was hast du an Rileys Spind getrieben?«

Skinny verschränkte die Arme. »Das geht dich gar nichts an.«

»Hör mal, Skinny, wir sind nicht hier, um dir Schwierigkeiten zu bereiten ...«, schlug Bob versuchsweise einen ungewohnt freundlichen Ton an.

Skinny und Peter schauten verdutzt, während der dritte Detektiv fortfuhr: »Hier im Camp gehen seltsame Sachen vor und wir benötigen deine Hilfe, um den Fall aufzuklären.«

»Is' nich' wahr. Warum sollte ausgerechnet ich euch helfen?«

»Weil auch du vielleicht eine nette Seite hast.« Bob sah Skinny durchdringend an.

Dieser erwiderte den festen Blick des dritten Detektivs.

»Außerdem könnten wir sonst Tom Paisley von deinem Stöbern in fremden Spinden berichten. Oder sollen wir es lieber Hank sagen, der hat dir doch den Job hier besorgt, nicht wahr? Bin gespannt, wie er darauf reagiert«, wagte Peter einen Schuss ins Blaue.

Skinny wurde blass. »Bloß nicht Hank! Der zieht mir das Fell über die Ohren! Also gut, ich habe in der Tat jemandem etwas in den Spind gesteckt. Und ja, es war dieser Riley. Aber es ist nicht so, wie ihr denkt.«

»Wie ist es dann?«, hakte Bob nach.

Skinny zierte sich ein paar Sekunden, dann brach es aus ihm heraus. »Es war ein Liebesbrief.«

»Ein Liebesbrief?« Peter und Bob blieb gleichzeitig der Mund offen stehen.

»Was? Nein, was denkt ihr denn! Ich habe den nur da reingesteckt, der ist von so einem blonden Mädchen. Charly hieß die, glaube ich. Ich habe sie gestern zufällig am Waldrand getroffen. Sie hat mir 10 Dollar angeboten, wenn ich ihrem Ex-Freund regelmäßig Nachrichten in seinen Spind stecke. Sie hat mir gleich mehrere Briefchen mitgegeben.«

»Ich glaube es nicht!« Peter war fassungslos.

Skinny zuckte mit den Schultern. »Hey, ich konnte einem süßen Mädel eben noch nie einen Wunsch abschlagen.«

Bob verzog verächtlich den Mund.

»Ihr könnt ja im Spind nachsehen, wenn ihr wollt.«

»Darauf kannst du wetten. Schließ du auf«, forderte Peter den Zeugwart auf.

Skinny erhob sich lustlos von seinem Stuhl und ging voraus zum Spind. Er knackte das Schloss ebenso leicht, wie Peter es getan hatte. »Hier, bitte.« Skinny reichte den beiden Detektiven die Nachricht.

Bob überflog die Zeilen. »Tatsächlich. Skinny hat die Wahrheit gesagt.«

»Was steht denn in dem Brief?«, fragte Peter.

Bob räusperte sich und las laut vor: »*Hallo, mein Schatz, ich vermisse dich ganz schrecklich und mit jedem Tag mehr. Ich bin im Herzen immer bei dir. C.*«

Peter grinste. »Tatsächlich ein Liebesbrief.«

»Natürlich habe ich die Wahrheit gesagt, und bevor ihr noch auf dumme Gedanken kommt: Nein, mit den anderen Sachen habe ich auch nicht das Geringste zu tun.«

»Mit welchen anderen Sachen?«, fragte Peter gespielt ahnungslos.
»Na, ihr wisst schon, mit den zerschnittenen Trikots, den Klamotten im See, Toms Erpressung ...«
Bob wurde hellhörig. »Erpressung?«
Skinny merkte, dass er zu viel erzählt hatte. »Ach, ihr wisst gar nichts davon ...«
»Erzähl es uns«, forderte Peter.
»Das kannst du vergessen, Shaw!« Skinny verschränkte die Arme. »Ich sage nichts mehr und jetzt verschwindet hier.« Er schob die beiden zur Tür.
Peter und Bob verließen die Kleiderkammer und standen für einen Moment unschlüssig vor der Hütte.
»Von was für einer Erpressung Skinny wohl gesprochen hat?«, sagte der dritte Detektiv. »Ob vielleicht das Telefongespräch von diesem Sascha etwas damit zu tun hat, das wir vorhin belauscht haben? Er sprach doch auch von Tom Paisley.«
»Möglich. Immerhin hat Skinny heimlich den Schreibtisch von dem Physiotherapeuten durchsucht.«
»Vielleicht sollten wir das auch tun.« Bob zwinkerte seinem Freund zu.
Peter nickte und die beiden kehrten zu der kleinen Blockhütte mit dem Behandlungsraum zurück. Zu ihrem Glück war der Physiotherapeut nicht da und Peter verschaffte ihnen mit seinem Dietrichset Zutritt. Eilig durchsuchten die beiden den Schreibtisch, wobei Peter sicherheitshalber immer wieder einen Blick aus dem Fenster warf. Anscheinend hatte der Therapeut seinen Arbeitsplatz schnell verlassen, denn der Laptop war noch eingeschaltet.

Bob durchsuchte den Posteingang. »Alles E-Mails mit Fotoanhängen an einen Mr Clark. Sag mal, mir kommt der Name so bekannt vor.«
»Riley heißt Clark mit Nachnamen. Könnten Mails an seinen Vater sein.«
»Kein Text. Nur Fotos. Da sind kaputte Fußballschuhe und Trikots drauf. Und sieh mal hier, die letzte Mail: Da ist Rizinusöl zu sehen. Das ist doch ein Abführmittel. Will der allen Durchfall verpassen, oder was? So ein Mistkerl! Eines ist auf jeden Fall klar. Carter ist unschuldig an den Sabotagen. Der wahre Übeltäter ist dieser Sascha. Wir sollten die anderen informieren.«
»Hm«, überlegte Peter. »Aber nur die Fotos reichen als Beweis nicht aus. Sascha könnte sich damit rausreden, dass er nur den besorgten Vater über die Vorgänge hier informiert.«
»Aber was wir vorhin belauscht haben, passt doch dazu, dass Sascha unser Täter ist«, sagte Bob.
»Ja, aber das Gespräch haben wir nicht mitgeschnitten oder so. Wir sollten auf jeden Fall erst einmal mit Justus sprechen, bevor wir jemand anderen informieren. Nur Jimboy sollten wir Bescheid geben.«
Bob und Peter liefen zum Trainingsgelände.
Als sie das Spielfeld erreichten, winkte Jimboy sie hektisch zu sich heran. »Ihr werdet nicht glauben, was hier passiert ist. Jemand hat die Stutzen von einigen Spielern mit Capsaicin-Salbe präpariert. Jeremy und Phil waschen und kühlen gerade ihre Schienbeine. Sie reagieren sehr heftig auf die Salbe. Und seht mal, was man auf Carters Bett gefunden hat. Eine Nachricht.«

»Die kennen wir schon. Die ist wahrscheinlich nicht echt«, winkte Peter ab. »Carter ist das Opfer, nicht der Täter. Ihr müsst uns helfen, Carter zu finden. Er ist vermutlich im Wald. Justus und Riley suchen ihn bereits. Ich erzähle dir alles Weitere auf dem Weg.«
Jimboy wirkte ein wenig perplex. »Okay. Tom sollte auch mitkommen. Ich sage ihm Bescheid, er wollte ins Büro gehen, und dann können wir los.«

Lies weiter auf Seite 120.

Du bist von Seite 115 hierhergelangt.

»Also ich denke wirklich, ich könnte den Herrn überzeugen«, machte der Erste Detektiv noch einen Vorstoß, doch Peter zischte ihn an: »Das glaube ich nicht, und nach der Geschichte mit der Anfahrtsbeschreibung haben wir definitiv etwas gut bei dir, Just.«

»Peter hat recht«, pflichtete Bob dem Zweiten Detektiv leise bei. »Wir sollten Ärger mit diesem Kerl vermeiden und uns erst mal außer Sichtweite bringen und besprechen.«

»In Ordnung, dann lasst uns gehen«, lenkte Justus ein. Die drei ??? begaben sich zum Wagen und stiegen ein. Der Mann stand unbeweglich da und starrte ihnen nach.

»Und wohin soll ich fahren?«, fragte Bob.

»Erst mal nur weg von hier«, antwortete Peter.

Justus überlegte kurz. »Zurück in den Wald. Aber nicht zu weit. Wir suchen uns in der Nähe einen Platz, wo wir unser Zelt aufstellen können. Ich möchte das Camp im Auge behalten.«

»Geht klar, Erster.« Bob startete den Wagen und gab Gas.

Peter fiel etwas ein. »Dürfen wir überhaupt wild campen?«

»Vermutlich nicht, aber in diesem speziellen Fall haben wir keine andere Wahl. Wir müssen zügig Kontakt mit Jimboy aufnehmen, damit er die Sache klärt. Und wenn das so schnell nicht klappt, möchte ich mich heute Nacht heimlich auf dem Gelände umsehen. Dazu sollten wir möglichst nah beim Camp bleiben.«

Bob runzelte die Stirn. »Hältst du eine Nacht-und-Nebel-Aktion für sinnvoll? Wenn uns dieser Kerl erwischt, weiß ich nicht, was er mit uns anstellen wird. Der schien mir zu allem fähig.«

Peter nickte. »Stimmt, der war mir auch unheimlich mit seiner Axt. Man könnte meinen, dass es sich hier um das geheime Trainingslager der Nationalmannschaft handelt und nicht um ein Schülercamp.«
»Du sagst es, Zweiter. Das aggressive Auftreten dieses Typen schien mir doch sehr übertrieben. Zusammen mit dem Bericht von Jimboy über die merkwürdigen Vorfälle im Camp erachte ich ein ausgiebiges Examinieren des Geländes für unabdingbar.«
»Schon gut, Just.« Peter verdrehte die Augen. »Wir haben verstanden. Du bestehst auf einer nächtlichen Erkundung.«
»Natürlich!«, bestätigte Justus. »Und hier scheint mir eine geeignete Stelle zu sein, um unser Zelt aufzuschlagen. Halt an, Bob.«

Einige Zeit später war das provisorische Lager eingerichtet. Ihr Zelt stand etwas windschief unter einer Gelb-Kiefer und die drei ??? hockten davor auf einer Isomatte, um sich für den späteren Nachteinsatz zu beratschlagen. Sie hatten noch versucht, Jimboy anzurufen, aber ihn auch diesmal nicht erreicht. Offenbar war der Empfang hier im Wald schlecht.
Justus' Magen knurrte hörbar. »Wie ärgerlich, dass wir unseren Proviant schon gegessen haben. So hungrig kann ich mich kaum konzentrieren.«
»Vielleicht hätten wir zur Sicherheit einen Campingkocher und ein paar Vorräte mitnehmen sollen.«
Peter zuckte mit den Schultern. »Aber wer konnte schon ahnen, dass wir nicht ins Camp hineingelassen werden, wo es wahrscheinlich gleich Abendessen gibt.«

»Oh, erinnere mich nicht daran.« Justus' Bauch gab erneut ein grummelndes Geräusch von sich.
Bob reichte ihm eine Wasserflasche. »Immerhin haben wir noch genügend zu trinken. Hier, das hilft auch gegen den Hunger. Zumindest ein wenig.«
»Danke.« Justus nahm die Flasche. »Morgen versuchen wir, persönlich Kontakt zu Jimboy aufzunehmen. Dann klärt sich hoffentlich alles auf. Ansonsten müssen wir irgendwo Vorräte besorgen. Aber bleiben wir erst mal beim Plan für heute. Ich schlage vor, wir brechen auf, sobald es dunkel genug ist. Das dauert nicht mehr lange. Im Lager verschaffen wir uns dann zunächst mal einen groben Überblick.«

Als die Nacht hereinbrach, machten die drei ??? sich auf den Weg.
»Wie gut, dass wir wenigstens Taschenlampen eingesteckt haben«, bemerkte Peter.
»Die Lampen sollten wir im Camp aber wenn möglich nicht benutzen«, erklärte Justus.
Peter riss die Augen auf. »Wir sollen orientierungslos im Dunkeln herumirren? Das ist nicht dein Ernst, Erster.«
»Doch, wir werden, wenn wir aus dem Wald heraus sind, genug sehen können.«
»Wie das?«
»Guck mal nach oben, Zweiter. Heute ist Vollmond.« Bob zeigte in den Himmel. Dort ging zwischen den Wipfeln der dunklen Kiefern und Weihrauchzedern der Mond auf.
»Exakt«, fuhr der Erste Detektiv fort. »Wir benutzen die Taschenlampen nur, solange wir geschützt zwischen den Bäu-

men laufen. Sobald das Camp in Sicht kommt, schalten wir sie aus. Man könnte uns sonst bemerken.«

Peter nickte. »Verstanden.«

In diesem Moment erklang ein tiefes Heulen, gefolgt von mehreren kurzen Brülllauten.

»Habt ihr das auch gehört?« Bob spähte angestrengt in die Dunkelheit.

»Klar und deutlich! Was war das?«

»Keine Ahnung, Peter. Vielleicht ein Schwarzbär?«, mutmaßte Bob.

»Ich habe es schon einmal gesagt. Schwarzbären heulen doch nicht.«

Justus nickte. »Hm, und für einen Kojoten war das Heulen viel zu tief.«

Peter sah sich beklommen um. »Und wenn es nun dieses Waldmonster ist?«

»Unsinn«, entgegnete der Erste Detektiv. »Wir sehen nach.«

»Bist du wahnsinnig, Just?«

»Nein. Immerhin müssen wir die Nacht hier verbringen und ich möchte schon wissen, was um unser Zelt herumschleicht. Also kommt, Kollegen.«

Folge den unheimlichen Lauten auf Seite 59.

Justus knetete seine Unterlippe. »Ich weiß nicht, mir gefällt das alles nicht. Mein Bauchgefühl sagt mir, dass wir zumindest einmal nachhaken sollten. Der Einzige, der Carter nach dem Joggen noch gesehen haben will, ist Bowen. Wir sollten zumindest mit ihm reden«, schlug er vor.

»Also gut, tu das. Ich muss erst mal zum Fußballplatz und komme gleich nach.«

»In Ordnung.« Justus hinterließ Molly, die gerade nicht in der Küche war, eine kurze Notiz und lief zum Mannschaftsquartier. Das große, helle Zelt stand etwa hundert Meter vom Haupthaus des Camps entfernt. Als Justus darauf zueilte, sah er bereits einige Spieler, die von dort zum Trainingsgelände liefen, doch weder Bowen noch Carter waren darunter.

Der Erste Detektiv betrat das Zelt. Die Betten waren in zwei Reihen aufgestellt, jeweils durch einfache Stellwände voneinander abgeteilt. Dazu hatte jeder Spieler einen Nachttisch und einen Stuhl.

Riley stand an einem Bett und zog sich seine Stutzen an.

Justus sprach ihn an. »Hallo, Riley, ist Carter wieder aufgetaucht? Und ich suche Bowen. Ist er hier?«

Der große blonde Junge sah auf. »Oh, hallo, Justus. Warte, ich bringe dich zu Bowen. Carter habe ich nicht gesehen.« Riley führte den Ersten Detektiv zu einem Schlafplatz im hintersten Eck des Zelts.

Bowen saß auf seinem Bett und blickte verstohlen auf etwas in seiner Hand.

Als Riley und Justus auftauchten, versteckte er es hastig unter seinem Kopfkissen.

Riley grinste Bowen an. »Sag mal, kann es sein, dass du dein

Du bist von Seite 128 hierhergelangt.

Handy nicht beim Trainer abgegeben hast, wie es Vorschrift ist?«
Bowen zog ärgerlich die Stirn kraus. »Das geht euch gar nichts an. Außerdem fahre ich heute sowieso ab. Was wollt ihr überhaupt hier?«
»Ich würde gern mit dir über Carter reden«, sagte Justus.
Bowen verschränkte die Arme. »Ich wüsste nicht, was es über den zu reden gibt.«
»Du hast vorhin behauptet, dass du ihn noch beim Duschen gesehen hast. Stimmt das?«
»Klar, warum sollte das nicht stimmen?«
»Bist du dir da ganz sicher?«, hakte Justus nach.
»Na ja, so ziemlich. Ist morgens in den Duschen immer ein ziemliches Gewirr und alles ganz schön vernebelt.« Bowen wirkte etwas verlegen.
Der Erste Detektiv ließ nicht locker. »Es ist aber wichtig, Bowen. Hast du Carter ganz sicher gesehen oder nicht?«
»Red endlich!«, forderte Riley den anderen Jungen auf.
»Okay, nein, ich habe ihn nicht sicher gesehen. Aber er will sich doch sowieso nur in den Vordergrund spielen, und alle sind besser dran, wenn er nicht da ist. Vermutlich hängt er irgendwo am See rum.«
Justus konnte nicht fassen, was Bowen da sagte, und auch Riley wirkte geschockt.
»Wir müssen sofort los und Carter suchen«, entschied Justus. »Er könnte verletzt im Wald liegen und dringend unsere Hilfe benötigen. Peter kommt gleich her, dann brechen wir auf.«
»Ich werde euch begleiten«, entschied Riley. »Carter ist zwar ein Eigenbrötler, aber er gehört zum Team.«

»Danke.« Justus lächelte. Dann wandte er sich noch einmal an Bowen. »Ich verstehe, dass du mit Carter nicht besonders gut klargekommen bist, aber das ist kein Grund, ihm nicht zu helfen, wenn er in Not ist. Suchst du mit uns?«

Kurz sah der schmächtige Junge schuldbewusst aus. Dann straffte er seine Schultern. »Nein, ich komme nicht mit. Carter ist ein Stinkstiefel. Immer hat er sich über mich lustig gemacht. Ich gehe jetzt noch einmal zum Training und nachher fahre ich nach Hause. Ich habe die Nase voll von diesem Camp.«

Justus seufzte. »Okay, das muss man wohl akzeptieren.«

Bowen stand auf und verließ das Zelt.

Am Eingang stieß er beinahe mit Peter zusammen, der im selben Moment ins Zelt hineinkam. »Hey, Just. Ich habe Bob draußen getroffen und gleich mitgebracht. Jimboy hat mit dem Training allein begonnen und sagt Tom Bescheid, dass ich später dazustoßen werde. Wie sieht es aus? Habt ihr eine Spur von Carter gefunden?«

»Nein, und es ist so, wie ich befürchtet habe. Bowen hat geschwindelt. Er hat Carter gar nicht bei den Duschen gesehen. Das bedeutet, nach dem Start heute Morgen hat ihn niemand mehr zu Gesicht bekommen. Er könnte im Wald gestürzt sein und sich verletzt haben.«

»Worauf warten wir dann noch?«, fragte Bob.

»Ich möchte mir zuerst noch Carters Schlafstätte ansehen. Vielleicht finden wir dort einen Hinweis, ob er vielleicht doch noch nach dem Joggen im Camp war. Ansonsten sollten wir die Laufstrecke absuchen.«

Riley nickte. »Wartet, ich zeige euch Carters Bett.« Er ging auf die andere Zeltseite. »Hier ist es.«

Justus folgte ihm und sah sich um. »Auf den ersten Blick nichts Ungewöhnliches …«
Riley beobachtete den Ersten Detektiv genau. »Du gehst die Sache ja ganz schön professionell an. Suchst du öfter nach vermissten Personen?«
Die drei ??? wechselten einen Blick und nickten sich zu.
»Wir sind Detektive«, erklärte Bob.
»Richtige Detektive?«, fragte Riley beeindruckt.
»Ja, warte, ich gebe dir mal unsere Karte.« Peter reichte Riley die Visitenkarte der drei ???.

Der blonde Junge drehte die Karte zwischen seinen Fingern hin und her. »Wow, ich bin beeindruckt. Also ist es kein Zufall, dass ihr hier im Camp aufgetaucht seid?«
»Nicht wirklich«, gab Peter zu. »Jimboy ist Justus' Cousin, er hat uns gebeten, uns wegen der Zwischenfälle hier mal ein wenig umzusehen.«
Doch bevor Peter weitererzählen konnte, rief Justus: »Kollegen, ich habe etwas entdeckt. Da liegt eine Notiz unter der Bettdecke.« Er zog einen Zettel hervor.

»Lies mal vor«, forderte Bob ihn auf.

»Hier steht: *Ich habe die Nase voll von diesem dämlichen Camp. Ihr seid alle Versager. Ich haue ab. Hoffe, mein letzter Gruß gefällt euch. Capsaicin-Salbe ist ein scharfes Zeug. Haha, Carter.*«

Riley machte große Augen. »Also ist Carter tatsächlich freiwillig abgehauen. Das hätte ich nicht gedacht. Er war doch so versessen darauf, nach England zu gehen. Und was hat es mit der Salbe auf sich? Hat er noch einen weiteren Streich geplant? Und ist er dann auch für die zerschnittenen Trikots und die anderen Sachen verantwortlich?«

»Capsaicin-Salbe wird ja gegen Muskel- und Gelenkschmerzen verwendet. Aber das Zeug brennt höllisch auf der Haut, wenn man zu viel davon nimmt. Da ist Chilipfeffer drin. Ich habe die Salbe mal ins Auge bekommen, weil ich noch etwas an der Hand hatte und mir ins Gesicht gefasst habe. Glaubt mir, das ist kein Spaß«, erzählte Peter.

»Also kann man damit durchaus jemandem schaden«, überlegte Bob. »Und das hat Carter vor?«

Justus knetete seine Unterlippe. »Sehr seltsam, wenn ihr mich fragt. Vor allem, wenn er angeblich so sehr auf eine internationale Karriere hingearbeitet hat.«

»Vielleicht hat er gemerkt, dass er nicht gut genug ist, und deshalb die anderen boykottiert«, mutmaßte Bob.

»Das mit Sicherheit nicht«, warf Riley ein. »Er gehört ganz klar zu den Besten, mein schärfster Konkurrent.«

»Warum lag der Abschiedsbrief überhaupt unter der Bettdecke?«, wunderte sich Peter.

»Vielleicht, weil man ihn nicht so schnell entdecken sollte«, antwortete Justus. »Sein Rucksack liegt auch noch unter dem

Bett. Und so, wie es aussieht, sind seine Sachen noch drin. Er würde doch nicht ohne seine Klamotten das Camp verlassen, oder?«

»Mit Sicherheit nicht«, sagte Peter.

»Also entweder ist ihm etwas passiert und jemand will Carter als Sündenbock hinstellen, oder er schleicht vor seiner Abreise gerade noch heimlich durchs Camp und plant einen neuen Anschlag auf das Team«, schlussfolgerte Bob.

»Beides ist möglich.« Justus überlegte kurz. »So oder so müssen wir Carter finden.«

»Am besten, wir teilen uns auf. Riley und ich suchen im Camp und du und Bob seht euch im Wald um«, schlug der Zweite Detektiv vor.

»Das ist nicht klug«, widersprach Justus. »Da ihr beide die Laufstrecke kennt, sollte einer von euch mit in den Wald kommen. Falls du lieber das Camp durchsuchen willst, Peter, schlage ich vor, du gehst mit Bob, und Riley und ich übernehmen den Wald.«

»Gut, so machen wir's«, willigte Peter in den Plan ein.

Die vier teilten sich auf. Riley und Justus liefen zunächst die schmale Straße aus dem Camp hinaus, auf der die Detektive mit dem Käfer hierhergekommen waren, und bogen dann in den Wald ab.

Bob und Peter überlegten, wo im Camp sie ihre Suche beginnen sollten.

Willst du dem Ersten Detektiv und Riley in den Wald folgen, lies weiter auf Seite 107. Falls du dich lieber mit Bob und Peter im Camp umsehen möchtest, lies weiter auf Seite 19.

»Ich denke auch, dass wir zunächst herausfinden sollten, ob die Person tatsächlich irgendetwas von den Trainingssachen zerstört hat«, sagte Peter.
»Also los!«, gab Bob nach und ermunterte seinen Freund: »Lass dein Dietrichset arbeiten.«
Der Zweite Detektiv knackte ein Türschloss nach dem anderen, doch in allen Spinden bot sich das gleiche Bild.
»Völlig intakte Trainingskleidung. Nichts Auffälliges, abgesehen von dem Berg dreckiger Hosen in Phils Spind.«
Bob warf einen Blick in den letzten Schrank der Reihe. »Ich denke, du kannst die Türen wieder verschließen, Peter. Es ist tatsächlich nichts zu finden.«
»Halt, wir müssen auch noch einmal in die Spinde von Carter und Riley gucken, Zweiter.«
»Wozu, die haben wir doch schon untersucht?«
Justus nickte bedächtig. »Ja, aber das war, bevor der unbekannte Besucher herkam.«
»Ach, klar!« Peter machte sich gleich daran, die Türen zu öffnen. »Also ich sehe nichts. Die Trikots hängen unverändert dort, die Schuhe stehen brav und heil nebeneinander.«
»Aber seht mal hier, Kollegen.« Der Erste Detektiv deutete auf einen Zettel, der an die Rückwand von Rileys Spindtür geklebt war.
»*Ich bin immer in deiner Nähe. C*«, las Bob vor. »Eine eindeutige Botschaft.«
Peter schüttelte den Kopf. »Botschaft? Für mich klingt es eher wie eine Drohung.«
»Wie diese Aussage gemeint ist, kann uns wohl am ehesten Riley mitteilen. Zweiter, vielleicht könntest du morgen beim

Du bist von Seite 51 hierhergelangt.

Training irgendwie mit ihm ins Gespräch kommen und unauffällig etwas herausfinden.«

»Und was hast du dir da vorgestellt, Just?«

»Zum Beispiel, ob er sich bedroht fühlt oder Ähnliches.«

»Ich werd's versuchen, aber jetzt lasst uns hier verschwinden. Nicht, dass noch jemand auf die Idee kommt, der Kleiderkammer heute Nacht einen Besuch abzustatten. Für meinen Geschmack halten wir uns hier schon viel zu lange auf.«

»Finde ich auch«, stimmte Bob zu.

»Gut.« Justus nickte. »Aber bevor wir zurück zu unserem Zelt gehen, möchte ich mir noch das Campbüro ansehen.«

Die drei ??? verschlossen sorgfältig die Kleiderkammer und machten sich auf den Weg zur Hütte mit dem Büro. Schwarze Wolken waren am Himmel aufgezogen und verdeckten immer wieder den Vollmond.

Bob stolperte über einen Stein. »Verdammt dunkel geworden. Wir sollten vielleicht doch die Taschenlampen anschalten.«

Sie waren schon fast an ihrem Ziel angekommen, als der Zweite Detektiv seine beiden Freunde zurückhielt. »Wartet, ich glaube, da ist jemand.«

Bob spähte in die Dunkelheit. »Ich sehe niemanden.«

»Doch«, entgegnete Peter leise. »Eben, als der Mond hinter der Wolke hervorschien, habe ich ganz deutlich eine dunkle Gestalt gesehen. Sie drückte sich gerade um die Ecke der Hütte gegenüber.«

»Duckt euch«, raunte Justus seinen Freunden zu. »Wen auch immer du gesehen hast, Peter – er darf uns auf keinen Fall entdecken.«

Die drei ??? schlichen vorsichtig weiter und spähten um die

Ecke des Blockhauses. Auf dem Kiesweg vor ihnen ging eine dunkel gekleidete Gestalt.

»Von der Statur her würde ich sagen, es ist ein Mann«, vermutete Bob.

»Na, so ein Zufall«, flüsterte Justus. »Er hat offenbar das gleiche Ziel wie wir. Kommt, Kollegen, hinterher.«

Lies weiter auf Seite 93.

Du bist von Seite 80 hierhergelangt.

Justus und Peter diskutierten immer noch, als Bob zurückkam. »Ihr könnt euch wirklich auf mich verlassen. Ich finde den Weg«, versicherte der Erste Detektiv erneut.

Peter gab sich geschlagen. »Also gut, wenn du dir so sicher bist, sollten wir es wagen. Aber wehe, wir verpassen das Abendessen im Camp.«

»Das halte ich für sehr unwahrscheinlich. Zum einen sind es bis dahin noch fast sieben Stunden und zum anderen –«

»Ja, schon gut, Just. Lasst uns losfahren«, forderte Bob seine Freunde auf.

Die drei ??? stiegen wieder in den Wagen. Wie der dritte Detektiv vorhergesagt hatte, erreichten sie die Zufahrt zum Park nach etwa drei Stunden. Nun übernahm Justus die Führung. Zu Beginn waren die Straßen noch gut ausgebaut. Die drei ??? folgten zunächst der 180 durch Grant Grove Village und entlang des Indian Creek bis zu einer Abzweigung nach links, von der Justus sicher war, dass sie hier abbiegen mussten. In der Folge steuerte Bob den Käfer über immer enger werdende Straßen. Diese stiegen auch immer mehr an und führten die Jungen durch scheinbar endlose Nadelwälder.

Am Anfang begegneten den drei Freunden noch andere Autos, Radfahrer oder Wanderer, aber nachdem sie schließlich fast zwei Stunden durch den Park gefahren waren, war keine Menschenseele mehr zu sehen.

Peter bemerkte schon seit einer Weile, wie der Erste Detektiv angestrengt aus dem Fenster sah und aufmerksam die Umgebung studierte. Er glaubte, eine leichte Verunsicherung im Mienenspiel des Ersten Detektivs zu erkennen, als Justus plötzlich seine beiden Freunde anstrahlte.

»Es ist wirklich erstaunlich, Kollegen. In diesem Park gibt es eine außerordentlich vielfältige Flora. Hier wachsen Gelb-Kiefern, Weihrauchzedern, Weißtannen, Zuckerkiefern und die bekannten Riesensequoias. Wir sollten häufiger hierherkommen.«
Peter traute seinen Ohren nicht. »Vielleicht sollten wir erst einmal ankommen, Erster!«
Justus knetete seine Unterlippe. »Ich bin mir sicher, dass wir auf der richtigen Straße sind.«
»Straße kannst du diesen holprigen Waldweg wirklich nicht nennen, Just. Ich hoffe, meine Stoßdämpfer halten durch«, mischte sich Bob ein.
»Na ja, eigentlich hätten wir schon vor einiger Zeit auf einen riesigen Mammutbaum zufahren müssen, der quer auf der Straße liegt. Jimboy hat mir den Baum beschrieben. Man hat eine Durchfahrt hineingeschnitten.«
»Also ich sehe weit und breit nichts von einem Mammutbaum. Wahrscheinlich sind wir hier völlig falsch!« Peter verschränkte die Arme.
»Das erscheint mir nicht im Bereich des Möglichen«, widersprach Justus.
»Und warum nicht? Weil unser Erster so ein phänomenales, unfehlbares Gedächtnis hat!«, bemerkte Peter sarkastisch. »Ich habe es ja gleich gesagt. Wir hätten Richtung Hume Station fahren und dort nach dem Weg fragen sollen. Da gibt es immerhin einen Campingplatz.«
»Aber das wäre ein riesiger Umweg gewesen, Zweiter«, gab Justus zu bedenken. »Außerdem, wer wüsste auf einem Campingplatz wohl von einem geheimen Fußballtrainingslager?«

»Wieso geheim?«, fragte Peter.
»Jimboy hat extra betont, dass das Trainingscamp so abseits liegt, damit die Spieler nicht gestört werden und sich optimal vorbereiten können. Ich nehme mal an, dass auch die Kosten bei der Wahl einer einfachen Sportlodge mitten im Park eine Rolle gespielt haben, aber der Hauptgrund soll die Abgeschiedenheit gewesen sein. Für die Spieler sind nicht einmal Handys im Camp erlaubt. Glaubst du, dass die Veranstalter dann die Lage publik machen?«, erklärte Justus.
»Na prima, dafür irren wir jetzt stundenlang durch den Wald, während unser Erster die Schönheiten der Flora lobt.«
»Peter hat recht«, sagte Bob. »Ich befürchte auch, dass wir uns verfahren haben. Wir hätten schon längst da sein müssen.«
Justus seufzte. »Vielleicht sind wir tatsächlich zu früh abgebogen«, gab er zu. »Aber ich bin mir sicher, wir finden den Weg. Seht mal, dort wird die Landschaft offener. Jimboy hat gesagt, das Camp liegt auf einer Lichtung an einem kleinen See.«
Bob schüttelte den Kopf. »Das ist hier gar keine richtige Straße mehr. Ich befürchte, sie endet im Nichts.«
Der Käfer holperte auf dem Weg entlang. Der Untergrund wurde immer felsiger, und als Bob einem umgekippten Baumstamm ausweichen musste, geriet der Wagen komplett ins Schlingern. Der dritte Detektiv verlor die Kontrolle und der Käfer steuerte geradewegs auf einen steilen Abhang zu.
»Himmel, Bob! Pass auf!«, schrie Peter.
»Bremsen! Du musst bremsen!«, rief Justus.
»Ja, was glaubt ihr, was ich mache?« Bob trat das Bremspedal bis zur Bodenplatte durch. Schließlich riss er das Steuer mit

aller Kraft herum und der Käfer kam knapp vor dem Abhang zum Stehen. Der dritte Detektiv hielt das Lenkrad immer noch umklammert, als der Wagen schon stand. »Das war knapp, Leute.«

»Hervorragend reagiert«, lobte Justus. Seine Erleichterung war ihm anzuhören.

Peter nickte zustimmend. »Beinahe wären wir in die Tiefe gestürzt. Mir zittern immer noch die Knie.«

Bob setzte den Käfer vorsichtig zurück und hielt erneut. Die drei Jungs stiegen aus dem Wagen und starrten auf den Abgrund vor ihnen. Unten floss ein kleiner Fluss und in der Ferne erstreckte sich die Gebirgskette der Sierra Nevada.

»Ich gebe zu, dass wir hier wohl nicht ganz richtig sind.«

»Nicht ganz richtig?«, fuhr der Zweite Detektiv Justus an. »Wir sind mitten im Nirgendwo und wären beinahe abgestürzt. Du rufst sofort Jimboy an und fragst ihn noch mal nach dem Weg.«

Justus holte das Mobiltelefon aus seiner Jackentasche. »Hm, keim Empfang.«

»War ja klar«, rief Peter. »Ich bin dafür, dass wir umkehren und diese blöde Anfahrtsbeschreibung holen, bevor noch ein Unglück geschieht.«

»Grundsätzlich stimme ich dir zu, Zweiter, aber mittlerweile wird es dunkel. So finden wir den Weg nie. Wir sollten ein provisorisches Lager aufschlagen, und sobald es hell wird, fahren wir zurück.«

»Das ist wohl am vernünftigsten«, stimmte Bob zu.

Sie richteten sich für die Nacht ein und verdrückten die spärlichen Reste der Lunchpakete, bevor sie sich in ihre Schlafsäcke verkrochen. Justus und Bob schliefen nach dem anstrengenden Tag schnell ein. Peter lag noch eine Weile wach und lauschte den nächtlichen Geräuschen. Im Wald knackte und raschelte es überall. Irgendwo erklang der Ruf eines Vogels. Schließlich fielen auch ihm die Augen zu. Er träumte von einem riesigen, zottigen Monster, das durch den Wald streifte, und erwachte erst, als Justus ihn anstupste.

»Hey, Peter, wach auf. Wir sind abfahrbereit. Bob ist nur noch mal hinterm Baum verschwunden.«

Umständlich kroch der Zweite Detektiv aus seinem Schlafsack und begann gähnend, ihn zusammenzurollen.

Lies weiter auf Seite 112.

Du bist von Seite 92 hierhergelangt.

Während Justus in der Blockhütte verschwand, ging der Zweite Detektiv zum Fußballplatz, auf dem ungefähr 20 Jungen jetzt gemeinsam trainierten. Einige Spieler übten Pässe, die anderen Zweikampfsituationen.

Peter sah an der Seitenlinie einen schlanken, dunkelhaarigen Mann stehen, der gerade in seine Trillerpfeife geblasen hatte und nun rief: »Carter, du sollst den Ball spielen, nicht dem Gegner in die Beine grätschen!« Offenbar war das der Coach. Der Zweite Detektiv war fast am Spielfeld angekommen, als Jimboy ihn entdeckte. »Hallo, Peter!« Er winkte. »Ihr kommt aber spät. Ich hatte schon viel früher mit euch gerechnet.«

Peter winkte ab. »Frag nicht, wir sind einen *kleinen* Umweg gefahren.«

»Jedenfalls bin ich froh, dass ihr endlich da seid.« Jimboy strahlte. »Heute Nacht war wieder dieses unheimliche Heulen zu hören. Vor allem Bowen ist völlig aus dem Häuschen. Der Kleinere da drüben. Er steht völlig neben sich. Wenn er so weiterspielt, hat er keine Chance mehr, ausgewählt zu werden. Dabei gehörte er in den ersten Tagen zu den Favoriten des Teams. Warte mal.« Jimboy rief auf den Platz: »Todd, du musst den Ball früher abgeben!« Dann wandte er sich wieder an Peter: »Wo sind denn Justus und Bob?«

»Die wurden von Hank und Molly gleich mit Arbeit überhäuft.«

»Ja, es fehlen an allen Ecken und Enden helfende Hände. Ein Kollege musste wegen eines Krankheitsfalls in der Familie vorzeitig abreisen. Die Küchenhilfe und ein Trainer sind gar nicht erst erschienen. Aber vor allem müsst ihr euch um diese eigenartigen Vorfälle und die Grusellaute aus dem Wald kümmern.

Die Spieler werden immer unruhiger … und ich ehrlich gesagt auch.«
Peter klopfte ihm beruhigend auf die Schulter. »Mach dir keine Sorgen, Jimboy. Dafür sind wir ja jetzt hier. Wir werden schon herausfinden, wer oder was dahintersteckt. Schicke Trikots übrigens! Und die sind zerschnitten worden? Woher habt ihr die?«
»Soweit ich weiß, sind die, genauso wie die Schuhe, komplett von bekannten Sportbekleidungsfirmen gesponsert worden.«
»Du solltest uns nachher noch einmal in Ruhe berichten, was sich hier genau abgespielt hat. Justus und Bob …«
Doch bevor Peter weiterreden konnte, musste Jimboy sich wieder seinen Trainerpflichten zuwenden. »Moment mal. Abspielen, Todd! Ja! Jeremy steht frei! Super gesehen! Klasse Pass!«, rief Jimboy über den Platz.
Peter beobachtete Justus' Cousin von der Seite. »Wie ich sehe, hast du deinen Zopf abgeschnitten.«
»Ja, war mal Zeit für 'ne Typveränderung. Außerdem stört er beim Fußballspielen. Du glaubst gar nicht, wie oft die Gegner mich daran festgehalten und gezogen haben. Für Fouls werden alle Möglichkeiten genutzt.« Jimboy grinste.
»Warum arbeitest du hier eigentlich als Trainer?«, erkundigte sich Peter.
Jimboy lächelte. »Hier habe ich die Chance, von Tom Paisley zu lernen. Er hat bereits einige erfolgreiche Clubs trainiert. Das ist eine wertvolle Erfahrung auch für mich. Ich stelle ihn dir jetzt mal vor.«

Lies weiter auf Seite 116.

Bob sah Peter an. »Los, dann auf ins Camp.«
Zusammen liefen sie durch die Bäume.
Als sie nah bei den Hütten am Haupthaus waren, blieb der Erste Detektiv stehen und sah sich um. »Lasst uns erst zur Kleiderkammer gehen und dann zum Büro.«
Der Vollmond stand am Himmel und warf ein bleiches Licht auf das Camp, sodass die drei ??? ihre Taschenlampen dort nicht brauchten. Sie mussten deshalb allerdings auch gut aufpassen, dass sie selbst nicht gesehen wurden.
An der kleinen Blockhütte zog Peter sein Dietrichset aus der Hosentasche und entriegelte mit wenigen Handgriffen die Tür. Sie öffnete sich mit einem leisen Knarren. »Hereinspaziert.« Der Zweite Detektiv machte eine einladende Geste.
Drinnen brauchten sie das Licht der Taschenlampen.
»Bob, zieh die Vorhänge vor die Fenster«, bat Justus. »Nicht, dass zufällig jemand den Lichtschein sieht.«
Sie sahen sich um und durchstöberten die Regale an den Wänden, fanden aber nichts Auffälliges.
Im hinteren Teil der Hütte entdeckten die drei ??? hinter einem wuchtigen Schrank einen kleinen Arbeitsbereich, der aus einem Stuhl und einem Arbeitstisch bestand. Auf dem Tisch lagen einige Werkzeuge. Diesen Bereich hatte Justus bei seinem kurzen Besuch am Nachmittag noch nicht gesehen.
»Das sind alles Gegenstände, mit denen man Sportausrüstung reparieren kann«, bemerkte Bob. »Hier liegen Luftpumpen für die Bälle, eine Lochzange, Schnürsenkel, Scheren, eine Nadel für Lederarbeiten …«
»Damit könnte man Schäden an den Schuhen beheben …«, sagte Peter, »… oder auch Schäden verursachen!«

Du bist von Seite 76 oder Seite 83 hierhergelangt.

»Stimmt, aber was mit einem Werkzeug gemacht wurde, sieht man ihm leider nicht an.«

»In der Tat, das ist wenig ergiebig.« Justus war enttäuscht. »Von den kaputten Schuhen leider auch keine Spur.«

»Wir sollten uns mal die Spinde der Spieler ansehen«, schlug Bob vor.

»Bestimmt finden wir dort nur dreckige Socken und Trikots.« Peter lachte. »Wie in allen Sportler-Spinden.«

»Das wäre auch mein nächster Vorschlag gewesen«, stimmte Justus zu. »Die Spieler könnten sich schließlich auch gegenseitig aus dem Weg räumen wollen.«

»Ich weiß schon, mein Dietrichset ist wieder gefragt.« Peter grinste und zog die Metallhaken aus seiner Jackentasche. »Mit welchem Schrank wollen wir anfangen?«

»Wir sollten mit denen beginnen, die uns vielversprechend erscheinen. Gab es irgendwelche Spieler, die dir heute beim Training irgendwie negativ aufgefallen sind?«, erkundigte sich der Erste Detektiv.

Peter überlegte. »Dass die Spieler eher Konkurrenten sind als ein Team, war zwar offensichtlich, das ist angesichts des Wettbewerbs wohl auch verständlich. Besonders schlecht benommen hat sich keiner, aber ein paar Kommentare von Jimboy klangen so, als wäre dieser Carter nicht gerade einer der fairsten Spieler. Beim Lagerfeuer war er ja auch ziemlich aggressiv.«

»Gut, dann sehen wir uns seinen Spind zuerst an«, entschied Justus.

Mit wenigen Handgriffen hatte Peter das einfache Schloss geknackt.

»Dann lasst uns mal schauen.« Justus stöberte in dem schmalen Schrank. »Zwei Trikots, Hosen, Stutzen, Trainingsjacke und Duschgel. Das ist tatsächlich alles.«
Peter musste über das enttäuschte Gesicht seines Freundes fast lachen. »Was hast du erwartet, Erster? Ein Messer und einen Brief, auf dem steht: ›Ich war es! Ich habe die Trikots zerstört!‹?«
»Nein, natürlich nicht ...«
»Okay, mit welchem Schrank machen wir weiter?«, wollte Bob wissen.
Justus überlegte einen Moment. »Dieser hier gehört diesem Riley, der sich mit Carter gestritten hat. Vielleicht sollten wir den auch näher unter die Lupe nehmen.«
Der Zweite Detektiv machte sich sofort ans Werk. Doch auch dieser Spind förderte nichts Aufregendes zutage. »Ebenfalls nur Sportjacken, Trainingshosen und Trikots«, zählte Peter auf. Er wollte die Tür gerade wieder schließen, als Justus noch etwas anderes im Schrank entdeckte.
»Leuchte mal da unten hin. Was ist das?«
Peter hielt seine Taschenlampe tiefer. »Moment, das ist ... eine kleine Plüschmaus mit einem Herzchen?«
Bob zuckte mit den Schultern. »Vermutlich sein Glücksbringer.«
Justus nickte. »Weiter, Kollegen, der nächste Spind.«
Ein leises Knirschen ließ Bob aufschrecken. »Seid mal still, hört ihr nicht auch Schritte?«
Der Erste Detektiv lauschte einen Augenblick. »Ja, da läuft jemand auf dem Kiesweg. Er nähert sich der Hütte. Schnell die Lampen aus. Wir müssen uns verstecken.«

»Aber wo?«, rief Peter hektisch.
»Hinter dem Schrank in der Arbeitsecke«, zischte Bob.
Hastig drückten die drei Jungs sich in die Nische.
»Wir können nur hoffen, dass es nicht Skinny ist«, flüsterte Justus. »Der kommt sicherlich in seine Arbeitsecke und entdeckt uns.«
Die Tür knarrte und vorsichtige Schritte waren zu hören. Doch sie kamen nicht bis zum hinteren Teil der Hütte, sondern verharrten zwischen den Spinden. Es blieb weiterhin dunkel, der Eindringling machte kein Licht. Einen Moment war es still, dann quietschte eine Spindtür. Nur Sekunden später wurde die Tür wieder geschlossen. Nun erklang erneut das Geräusch von Schritten auf den Holzdielen. Die drei ??? hielten die Luft an. Doch zu ihrer Erleichterung entfernte sich der Eindringling. Die Eingangstür fiel ins Schloss.
»Puh, das war knapp.« Peter stöhnte leise auf.
»Ob das einer der Spieler war, der etwas im Spind vergessen hatte?«, überlegte Bob laut.
»Was kann man denn im Spind vergessen, das man mitten in der Nacht holen muss?«, fragte Peter skeptisch.
Justus schüttelte den Kopf. »Ich denke nicht, dass es ein Spieler war. Auf jeden Fall war es jemand, der genau wie wir über die Möglichkeit verfügt, Schlösser zu knacken. Immerhin ist die Tür zur Kleiderkammer nachts für gewöhnlich verschlossen. Die Spieler dürften keinen Schlüssel besitzen. Außerdem würde jeder, der einfach nur etwas aus seinen Spind holen will, das Licht anschalten.«
»Du meinst, es war der Saboteur?« Peter machte große Augen. »Was sollen wir jetzt tun?«

»Ich schlage vor, wir öffnen so viele Spinde wie möglich und gucken, ob wir in einem von ihnen etwas Ungewöhnliches finden. Vielleicht hat der Saboteur gerade wieder zugeschlagen«, schlug Justus vor.

»Oder wir verfolgen den Eindringling im sicheren Abstand«, sagte Bob.

Der Erste Detektiv schüttelte den Kopf. »Ich befürchte, dass die Person schon längst zwischen den Hütten verschwunden ist. Das bringt vermutlich nichts.«

»Wir könnten uns dennoch draußen mal umsehen«, hielt der dritte Detektiv dagegen.

Willst du den geheimnisvollen Einbrecher verfolgen, dann lies weiter auf Seite 129. Möchtest du zusammen mit den drei ??? die Schränke untersuchen, lies weiter auf Seite 37.

Du bist von Seite 128 hierhergelangt.

Justus nickte. »Okay. Wir warten bis nach dem Training ab. Wenn Carter dann nicht wieder aufgetaucht ist, suchen wir ihn.«

Peter zog den Reißverschluss seiner Trainingsjacke zu. »Bestimmt helfen uns dann auch Tom, Jimboy und die anderen Spieler. Ich muss jetzt los. Was machst du?«

»Molly ist in die Stadt gefahren, um Lebensmittel zu holen. Ich soll das Mittagessen vorbereiten. Vorher muss ich wohl noch mal zu unserem Zeugwart.«

»Du spielst Koch?« Peter grinste. »Was gibt es denn?«

»Spaghetti bolognese und zum Nachtisch Obstsalat.«

»Klingt lecker. Okay, bis später.« Peter machte sich auf den Weg zu den Trainingsplätzen. Als er dort ankam, liefen sich die ersten Spieler schon warm.

Tom und Jimboy stellten gerade ein paar Hütchen aufs Feld.

»Ah, hallo, Peter. Wir üben heute Kopfbälle und verschiedene taktische Spielzüge. Zuerst möchte ich allerdings mit den Jungs flache Bogenläufe üben.«

»Was sind denn Bogenläufe?«, erkundigte sich Peter.

»Ein Manöver, damit der Stürmer nicht mehr so leicht im Abseits steht.«

»Und wie sieht das genau aus?«, fragte Peter.

Jimboy nahm einen Block und zeichnete es Peter auf. »Also, die Aufgabe ist es, flache Bogenläufe auf den Flügeln zu machen. Dafür müssen die Spieler mit dem Körper offen zu ihren Mitspielern stehen, um einen Pass von ihnen annehmen zu können. Nach der Annahme soll der Ball zu einem Mitspieler vor dem Tor geflankt werden. Alles klar?«

Peter nickte.

Tom pfiff in seine Trillerpfeife. »Bitte herkommen!«
Alle Spieler trabten heran – bis auf zwei. Jeremy und Phil blieben plötzlich stehen und rissen sich mit schmerzverzerrten Gesichtern die Stutzen von den Schienbeinen.
»Was ist denn jetzt wieder los?« Tom Paisley ließ die Pfeife sinken.
Die anderen Jungs schauten verständnislos auf ihre Teamkameraden.
»Das ist unerträglich. Es brennt wie die Hölle!«, rief Phil.
Tom und Peter liefen zu den Spielern. Die Haut an ihren Schienbeinen war stark gerötet. Jeremy kratzte sich wie verrückt.
Peter griff nach einem der Stutzen und schnupperte daran. Ein scharfer Geruch stieg ihm in die Nase. Er musste niesen. »Tom, ich glaube, da ist etwas auf den Stutzen.«
»Langsam reicht es mir mit diesen Lausbubenstreichen!«, ereiferte sich der Trainer. »Irgendjemand benimmt sich hier wie ein Kleinkind. Erst werden Estebans Sachen im See versenkt, dann die zerschnittenen Trikots und jetzt das! Wenn einer von euch glaubt, dass er sich damit Vorteile sichern kann, dann muss ich ihn enttäuschen! Ich werde den Schuldigen finden und der wird gnadenlos vom Camp ausgeschlossen!«
»Der Schuldige ist schon gefunden.« Bowen war hinter dem Trainer aufgetaucht und wedelte hektisch mit einem Stück Papier herum.
Tom Paisley starrte ihn irritiert an. »Wie bitte?«
»Hier steht es geschrieben! Carter ist weg, aber er hat eine Nachricht zurückgelassen. Sie lag auf seinem Bett. Lesen Sie selbst.«

Der Trainer nahm das Schreiben in die Hand und zog zornig die Augenbrauen zusammen.
»Was steht da, Tom?«, erkundigte sich Jimboy.
Der Trainer reichte Justus' Cousin wortlos das Schreiben und wandte sich an seine Spieler. »Phil und Jeremy, ihr geht duschen und dann zu Sascha, um die Haut mit Kühlpacks zu versorgen. Ihr anderen macht mit Jimboy und Peter Kopfballtraining. Ich muss zunächst Mr Craine anrufen und ihm Bericht erstatten.« Tom Paisley verließ das Spielfeld und eilte in Richtung des Büros.
Peter sah dem Trainer hinterher und dann Jimboy an. »Was steht denn in dem Schreiben?«
»Pass auf, ich lese es dir vor: *Ich habe die Nase voll von diesem dämlichen Camp. Ihr seid alle Versager. Ich haue ab. Hoffe, mein letzter Gruß gefällt euch. Capsaicin-Salbe ist ein scharfes Zeug. Haha, Carter.*«
»Haha?« Peter runzelte die Stirn.
»Ja, steht hier: *Haha.*« Jimboy ließ den Brief sinken.
»Ist die Nachricht wirklich von Carter? Ich meine, ist das seine Schrift?«
»Ich habe keine Ahnung, Peter. Seine Handschrift habe ich nie gesehen, aber der Satz ›Ihr seid alle Versager‹ passt durchaus zu Carter. Er ist ein Einzelgänger, der immer und überall aneckt und alles andere als beliebt bei seinen Teamkameraden ist. Na ja, du hast ihn ja kennengelernt.«
»Stimmt, ich fand ihn auch nicht besonders sympathisch. Aber warum sollte er sich solch eine einmalige Chance entgehen lassen, nur weil ihn seine Teamkameraden nerven? Das verstehe ich nicht. Außerdem: Wie kommt er an diese Salbe?«

»Soweit ich weiß, hat Sascha Capsaicin-Salbe im Medikamentenschrank. Hilft bei Muskelschmerzen. Vielleicht hat Carter sie dort entwendet?« Jimboy zuckte die Schultern. »Wir sollten Justus nachher den Brief zeigen. Aber erst mal müssen wir das Training hinter uns bringen. Sonst bricht hier noch alles auseinander.«

Lies weiter auf Seite 102.

Du bist von Seite 101 hierhergelangt.

Der Feuerschein erhellte die Nacht und die drei ??? saßen zusammen mit den anderen Campteilnehmern am Lagerfeuer. Es war ziemlich groß – Bob hatte nicht übertrieben, als er von den Holzbergen berichtete, die er zusammen mit Hank aufgeschichtet hatte. Um das Feuer standen in einigem Abstand Holzbänke und Kisten zum Sitzen. Obwohl das Abendessen reichhaltig gewesen war, hatte Molly lange Stöcke mit Marshmallows vorbereitet, die man in den Flammen rösten konnte. Über einem zweiten, kleineren Feuer hatte Hank einen Schwenkgrill aufgebaut. Als die Holzscheite nur noch glimmten, legte er Würstchen auf den Grill. Es gab Limonade und heißen Früchtepunsch, denn die Nacht war recht kühl. Über ihnen strahlte ein unbeschreiblicher Sternenhimmel und aus dem Wald erklang der Ruf eines Nachtvogels.
Alle waren gekommen, sogar Esteban. Sein Sprunggelenk war bandagiert. Die drei ??? saßen zusammen mit Jimboy auf einer der Holzbänke. Ihnen gegenüber unterhielten sich Molly, Tom und der Physiotherapeut Sascha, der ihnen beim Abendessen vorgestellt worden war. Hank stand zusammen mit Skinny und Carter etwas abseits am Schwenkgrill. Die drei redeten und lachten.
Peter warf der Gruppe einen finsteren Blick zu. »Da haben sich ja die Richtigen gefunden«, raunte er seinen Freunden zu. »Dieser Carter hat auf dem Spielfeld fies über einen Teamkameraden gespottet. Ich finde ihn ziemlich unsympathisch. Er passt zu Skinny.«
»Jedenfalls scheint sich Skinny prächtig zu amüsieren«, bemerkte Bob ebenso leise.
»Ja, vermutlich, weil er sich schon im Geiste ausmalt, wie er

mich morgen schikanieren kann.« Justus zupfte das leicht geschmolzene Marshmallow von seinem Stock.
»Kennt ihr Skinny?«, fragte Jimboy verwundert.
Justus nickte grimmig. »Ja, habe ich dir nie von ihm erzählt?«
»Falls du es gemacht hast, habe ich es wohl vergessen.« Jimboy zuckte entschuldigend mit den Schultern.
»Skinny ist so etwas wie unser Erzfeind. Wo er auftaucht, gibt es garantiert Ärger«, ergänzte Peter.
»Tatsächlich? Bisher erschien er mir immer ganz nett.«
»Nett? Skinny Norris?« Peter hätte beinahe laut losgelacht.
»Meint ihr, er könnte mit den Vorfällen im Camp etwas zu tun haben?« Jimboy bedachte Skinny nun mit einem kritischen Blick.
»Wir wissen es nicht«, gab der Erste Detektiv zu. »Aber wir können es auf keinen Fall ausschließen. Weißt du, wie Skinny an den Job gekommen ist?«
»Dazu muss ich euch erst mal etwas zu den Hintergründen des Camps erzählen. Das Geld für dieses Projekt wurde von den teilnehmenden Schulen mithilfe von Spendengeldern und Sponsoren beschafft. Insgesamt kam wohl weniger zusammen, als man angenommen hatte. Deshalb musste das Budget zusammengestrichen werden. Ein recht großer Teil davon ist für die Versorgung hier im Camp notwendig, obwohl es insgesamt eine günstige Unterkunft ist. Unser Physiotherapeut Sascha wird von Riley Clarks Eltern bezahlt, das ist einer der Spieler.« Jimboy nickte zu einem großen blonden Jungen hinüber. »Die Clarks bestanden auf einer guten sportmedizinischen Versorgung. Sie sind ziemlich wohlhabend und extrem überfürsorglich. Ein Arzt kann allerdings nicht die ganze Zeit mit im

Camp sein, aber Dr. Vandenus steht telefonisch auf Abruf bereit, um bei Bedarf sofort herzukommen. Die Sache heute mit Esteban war schon hart an der Grenze.« Jimboy sah zu dem Jungen auf der anderen Seite des Lagerfeuers hinüber. Er hatte seinen verletzten Knöchel hochgelegt und unterhielt sich munter mit einigen Teamkameraden.

»Für alle weiteren Mitarbeiter war dann nicht mehr so viel übrig wie zunächst ausgemacht. Das ist, denke ich, auch der Grund, warum kurzfristig einige Leute abgesagt haben. Auch ich bekomme weit weniger als vereinbart, aber ich wollte unbedingt mit Tom Paisley zusammenarbeiten. Jedenfalls fehlte zunächst auch ein Zeugwart, und soweit ich weiß, hat der Bruder von Hank dann Skinny empfohlen. Er war wohl billig zu haben. Allerdings glaube ich nicht, dass er viel Erfahrung als Zeugwart hat.«

»Das passt«, bemerkte Peter.

»Du bist außergewöhnlich gut informiert, Jimboy«, bemerkte Justus anerkennend.

»Wie könnte es auch anders sein. Er ist eben ein Jonas.« Bob grinste.

»Das stimmt.« Justus lachte.

Lies weiter auf Seite 65.

Erneut erklangen die klagenden Geräusche. Sie hallten durch die Dunkelheit und schienen nun von allen Seiten zu kommen.
»Wo lang sollen wir gehen?« Peter leuchtete mit seiner Lampe die Umgebung ab.
»Ich bin mir sicher, das Heulen kam aus dieser Richtung.« Bob deutete auf einen Pfad, der mit Kiefernnadeln übersät war.
Justus schüttelte den Kopf. »Für mich klang es eher, als ob es aus Richtung des Camps kam.«
»Also, ich weiß nicht …« Peter schaute sich unschlüssig um.
»Gut, dann folgen wir zunächst dem Pfad«, entschied Justus, »und wenn wir dort nichts entdecken, gehen wir in die andere Richtung zum Camp. Dort wollten wir ja sowieso hin.«
Bemüht, keine unnötigen Geräusche zu machen, folgten die drei ??? dem schmalen Waldweg. Überall knackte und raschelte es im Wald.
»Was ist hier denn alles los mitten in der Nacht?«, bemerkte Peter.
Bob lauschte angestrengt. »Aber das Heulen und Brüllen hat aufgehört.«
»Dieses Knacken im Unterholz gefällt mir aber auch nicht. Ich habe das Gefühl, wir werden beobachtet.«
»Unsinn, Peter, das sind vermutlich nur nachtaktive Kleinsäuger«, entgegnete der Erste Detektiv. »Lasst uns weitergehen.«
Peter verdrehte die Augen. »Kleinsäuger! Natürlich, was auch sonst. Kannst du dich nicht ein Mal normal ausdrücken, Just? Sag doch einfach, das waren Mäuse.«

Du bist von Seite 30 hierhergelangt.

Der Erste Detektiv zog die Augenbrauen hoch.
Nach einer Weile blieben sie stehen. Außer dem Ruf einer Eule war nichts zu hören.
»Und was machen wir nun?«, fragte Bob. Für einen Moment verharrten die drei Jungen unentschlossen.
»Das Tier – welches auch immer es war – scheint weitergelaufen zu sein. Tja, Kollegen, da wir nichts mehr hören, sollten wir jetzt zum Camp gehen«, schlug Justus vor.
»Wartet mal, da hat sich etwas zwischen den Bäumen bewegt.«
»Bist du sicher, Peter?«, fragte Bob zweifelnd.
»Ja, doch. Es war groß und zottig, soweit ich es erkennen konnte.« Der Zweite Detektiv suchte mit dem Strahl seiner Taschenlampe das Dickicht ab.
Und tatsächlich traf dieser plötzlich auf eine große schwarze Gestalt. Zwei Augen leuchteten auf und Peter entfuhr ein Schrei. »Da ist tatsächlich ein Bär! Ein riesiger schwarzer Bär! Wir müssen weg! Lauft!«
»Nein, das wäre völlig falsch. Dann verfolgt uns der Bär – und der ist viel schneller als wir«, entgegnete Justus leise.
»Was dann? Auf Bäume klettern?« Peters Stimme klang leicht panisch.
»Erst einmal ruhig bleiben«, forderte Justus.
»Und wenn der Bär uns angreift?«
»Solange er uns nicht als Bedrohung empfindet, wird er das nicht tun«, antwortete der Erste Detektiv.
»Ja, solange ...«, bemerkte Peter spitz.
Der Bär vor ihnen richtete sich nun auf und starrte die drei ??? an.

»Langsamer Rückzug, Kollegen«, wies Justus seine Freunde in ruhiger Tonlage an. »Keine hektischen Bewegungen.«
Die drei ??? gingen vorsichtig rückwärts, wobei sie den Bären nicht aus den Augen ließen. So brachten sie nach und nach immer mehr Abstand zwischen sich und das Tier. Zu ihrer Erleichterung folgte es ihnen nicht.
Nach einiger Zeit blieben die Jungen stehen.
»Ich glaube, wir sind außer Gefahr«, sagte Justus sichtlich erleichtert.
»Vermutlich haben wir ihn mehr erschreckt als er uns«, bemerkte Bob.
Peter schüttelte seinen Kopf. »Das wage ich zu bezweifeln. Das Vieh war riesig.«
Die drei ??? lauschten in die Dunkelheit hinein. Es blieb still.
»Wir sollten zum Lager zurückgehen und dort unsere Erkundungen fortsetzen«, schlug Bob vor.
»Wo sind wir eigentlich?«, fragte Peter. Vor lauter Aufregung hatten sie gar nicht darauf geachtet, in welche Richtung sie gegangen waren.
»Ich denke, wir müssen hier lang.« Justus ging voraus. »Zur Sicherheit sollten wir dicht zusammenbleiben.«
Mit einem Mal knackte es unter ihren Füßen.
»Just, hier stimmt etwas nicht«, rief Peter. Im selben Moment gab der Boden unter seinem rechten Fuß auch schon nach. Der Zweite Detektiv sackte ein und steckte bis zum Knie in Gestrüpp fest. Vergeblich bemühte er sich, sein Bein zu befreien.
»Warte, Peter, wir helfen dir.« Justus und Bob reagierten instinktiv und versuchten, den Zweiten Detektiv zu sich zu ziehen. Doch dann krachte es, die drei Jungs stürzten in die Tiefe

und landeten hart auf feuchtem Lehmboden. Blätter und Erdbrocken rieselten ihnen hinterher.
Mühsam rappelte sich Justus auf. »Geht es euch gut, Kollegen?«, fragte er besorgt.
»Soweit ich feststellen kann, habe ich mir nichts gebrochen.« Stöhnend erhob sich Peter. »Was ist das hier?«
»So wie es aussieht, sind wir in eine Bärenfalle gestürzt.« Bob klopfte sich Erde und Blätter von seiner Jeans.
»Eine Bärenfalle? Im Nationalpark?« Peter war entsetzt. »Wer macht denn so etwas?«
»Es hat den Anschein, als ob es hier Wilderer gibt«, schlussfolgerte Justus.
»Dann nichts wie raus hier. Von so einem möchte ich nicht gefunden werden. Wer weiß, ob der seine Beute nicht erst mal erschießt, bevor er sie rausholt.«
Justus und Bob machten eine Räuberleiter für Peter, der versuchte, über den Rand der Falle zu langen und sich mit den Händen herauszuziehen.
Immer wieder rutschte der Zweite Detektiv ab. »So geht es nicht! Ich finde keinen Halt.«
Bob keuchte. »Mensch, Peter, du bist doch sonst so sportlich. Zieh dich hoch, wir können dich nicht mehr lange abstützen.«
»Es klappt nicht!« Peter rutschte erneut ab und stürzte seinen beiden Freunden entgegen.
»Lasst uns kurz verschnaufen«, schlug Justus vor.
Die drei ??? setzten sich auf den kalten Boden der Fallgrube.
»Am besten steigst du auf meine Schultern, Zweiter. Dann bist du höher und müsstest über den Rand der Grube reichen können.«

Peter nickte Justus zu. »Ja, versuchen wir's.« Er stieg auf Justus' Schultern, und während Bob Peters Beine abstützte, tastete sich der Zweite Detektiv am Rand der Fallgrube entlang. Er bekam eine Baumwurzel zu packen und zog sich daran hoch. Justus und Bob schoben von unten nach. »Ja, weiter, noch ein Stück!«, rief Peter.

Er war bereits fast aus der Grube raus, als ihn der Strahl einer Taschenlampe traf. Eine kräftige Hand packte den Zweiten Detektiv und zog ihn nach oben.

»Danke, Sir«

»Wer bist du, Junge, und was treibst du dich bei Nacht hier herum?«, fragte eine dunkle Männerstimme.

»Das erkläre ich Ihnen sofort, aber zuerst müssen wir meine Freunde befreien.«

Gemeinsam mit dem Fremden zog Peter Justus und Bob aus der Grube. Danach stellte der Mann sich als Park-Ranger Mike Bishop vor.

Er musterte die Jungen finster. »Ich bin einer Bande von Wilderern auf der Spur. Stellt ihr hier etwa unerlaubt den Tieren nach?«

»Ich kann Ihnen versichern, Sir, dass wir nichts dergleichen im Sinn hatten. Wir sind vor einem Bären geflohen und in diese Falle gestürzt«, erklärte Justus.

»Hm, na, das muss ich euch wohl glauben. Ich hätte aber auch nicht wirklich gedacht, dass drei Grünschnäbel wie ihr mir hier die Schwarzbären wegfangt. Aber was sonst treibt ihr um diese Zeit im Wald?«

»Also, wir zelten hier in der Nähe und ...«, begann Peter zu erzählen, als Mr Bishop ihn unterbrach.

»Ihr campiert hier wild im Wald? Zelten ist nur auf den ausgewiesenen Plätzen gestattet. Das steht überall auf den Hinweisschildern an den Zufahrten zum Park. Leute wie ihr verschmutzen den Wald mit ihrem Müll und verschrecken die Tiere.«

»Wir wollten auf keinen Fall Ärger bereiten, Mr Bishop«, versuchte Bob zu beschwichtigen, doch der Ranger schüttelte den Kopf.

»Das habt ihr schon. Bei dem Radau, den ihr gemacht habt, erwische ich die Wilderer heute Nacht nicht mehr. Wir holen jetzt eure Sachen und dann folgt ihr mir aufs Revier.«

»Okay, Sir.« Justus ließ die Schultern hängen. »Und dann fahren wir zu einem Campingplatz.«

»Nichts da, ich erteile euch Parkverbot. Ich will euch hier nicht mehr sehen. Das sollte euch eine Lehre sein. Und seid froh, dass ich es bei einer Verwarnung belasse. Das nächste Mal erfolgt eine Anzeige.«

Die drei ??? mussten noch in der Nacht abreisen. Der Ranger rief von seinem Büro aus sogar Tante Mathilda und Onkel Titus und Bobs und Peters Eltern an, um sie zu informieren.

Jimboy meldete sich am nächsten Tag in der Zentrale. Er war ziemlich sauer, weil er dachte, die drei ??? hätten ihn im Stich gelassen. Zumindest dies konnte Justus aufklären – im Gegensatz zu dem Fall, denn leider hatten die Detektive nun keine Möglichkeit mehr, zu ermitteln, wer oder was im Trainingscamp sein Unwesen trieb.

Geh zurück zu Seite 115 und entscheide dich neu.

Du bist von Seite 58 hierhergelangt.

In diesem Moment schreckte ein schmächtiger Junge von seiner Kiste am Feuer hoch. »Hört ihr das? Da ist wieder das Monster!«, rief er.

Peter sah zu ihm hinüber. »Ist das nicht der Spieler, von dem du mir beim Training erzählt hast, dass er aus Angst vor dem Monster sogar schon schlecht Fußball spielt, Jimboy?«

Justus' Cousin nickte. »Ja, Bowen.«

Gleichzeitig kam Carter mit einer Wurst vom Grill zurück und fuhr Bowen an: »Was redest du für einen Unsinn? Es gibt keine Monster! Hat dir das deine Mami nicht beigebracht?«

»Ich habe es ganz genau gehört und gestern Nacht auch wieder gesehen. Als ich zur Toilette ging, schlich ein dunkler Schatten um die Hütten.«

»Ja, klar, ein dunkler Schatten.« Carter lachte und einige andere Jungs lachten mit.

Bowen verschränkte die Arme. »Ich weiß, was ich gesehen habe. Es war ein dunkler, zottiger Schatten! Und Jeremy hat ihn ja auch schon gesehen!«

Vom Wald her drang auf einmal ein tiefes Heulen zu ihnen herüber. Es schwoll an und wurde wieder leiser wie eine Sirene. Die Jungs hörten auf zu lachen.

»Das ist das Monster!«, rief Bowen. »Jetzt hört ihr es doch auch, oder?«

Molly und Tom unterbrachen ihre Unterhaltung und blickten sorgenvoll in Richtung der Bäume. Auch Skinny und Hank sahen sich aufmerksam um.

»Quatsch, das wird irgendein Tier sein«, erwiderte Carter. Doch seine Stimme klang nicht mehr ganz so spöttisch wie zuvor.

»Was für ein Tier soll es denn deiner Meinung nach sein?«, fragte Peter.

»Was weiß ich, ein Wolf oder so etwas.« Carter fixierte den Zweiten Detektiv.

»Es gibt hier keine Wölfe«, warf Justus ein.

»Ach, du bist ein Klugscheißer, wie?«

»Lass ihn in Ruhe, Carter!«, mischte sich der Junge namens Riley ein, von dessen Eltern Jimboy eben gesprochen hatte. Er war Peter schon auf dem Spielfeld aufgefallen, da er die besten Pässe schoss. Von der athletischen Figur her hätte Riley auch sehr gut ein Surfer sein können. Jetzt stand der Junge auf und stellte sich Carter gegenüber.

»Du willst doch keinen Ärger machen, oder?«, fragte er leise.

»Lass mich in Ruhe«, fauchte Carter. »Mit dir spreche ich gar nicht.«

»Aber ich mit dir! Was ist dein Problem? Seit Beginn des Trainingslagers machst du nur Stress.«

»Lasst gut sein, Leute«, versuchte Jimboy die Situation zu entspannen. Doch Carter und Riley beachteten ihn nicht.

Deshalb kam Tom Paisley nun herüber und sprach ein Machtwort. »Schluss jetzt, alle beide! Es ist völlig egal, was für ein Tier es war. Wir sind inmitten der Natur und da ist es normal, hin und wieder unbekannte Laute zu hören. Es droht niemandem hier Gefahr. Und natürlich ist es kein Monster. Davon will ich nichts mehr hören, Bowen.«

»Okay, Trainer«, versprach der Junge kleinlaut.

Riley und Carter warfen sich noch einen giftigen Blick zu und setzten sich wieder.

Das Heulen erklang erneut und hallte über die Lichtung.

»Aber unheimlich klingt es schon, oder?«, wagte Bowen noch zaghaft anzumerken.
Die anderen Jungs saßen still da und horchten.
Hank kam herübergeschlendert. Er nahm neben den drei ??? Platz. »Wisst ihr«, sagte er mit unheilvoller Stimme, »so abwegig ist es gar nicht, was der Kleine eben gesagt hat.«
Bowen zog ärgerlich die Augenbrauen zusammen, weil Hank ihn *Kleiner* genannt hatte, verkniff sich aber eine Bemerkung.
»Es gibt da diese Legende ... dass seit Jahrhunderten in den Wäldern hier ein Wesen umgeht, das halb Wolf und halb Bär ist. Es soll riesig sein und schwarzes, zottiges Fell haben. Schon die Goldgräber haben von ihm berichtet. Einige wollen sogar gesehen haben, dass es gebogene Hörner wie ein Dickhornschaf hat. Die Legende besagt, dass das Wesen tief in der Crystal-Cave-Tropfsteinhöhle haust. Andere schwören, dass es in einer Höhle im Moro Rock lebt. Aber in den Nächten um Vollmond kommt es heraus, streift durch die Wälder und holt sich seine Beute.« Hank ließ seine Stimme ganz leise werden, als er sich zu Bowen beugte. »Am liebsten ist ihm frisches Menschenblut.«
Bowen starrte den Mann mit weit aufgerissenen Augen an. Der machte eine dramatische Pause und rief dann mit einem Mal laut: »Buh!«
Bowen und noch ein paar andere Jungen zuckten zusammen. Hank lachte laut und kehlig.
Tom zog ärgerlich die Augenbrauen zusammen. »So, das reicht jetzt mit den Schauergeschichten. Sie machen mir die Jungs ganz verrückt, Hank. Und ich denke, es ist auch spät genug für euch. Ab ins Bett. Morgen vor dem Frühstück steht ein

Waldlauf auf dem Programm. Jimboy und unser neuer Aushilfstrainer Peter werden euch begleiten.«
Widerwillig erhoben sich die Spieler und trotteten ihrem Schlafquartier zu. Die drei ??? blieben dagegen noch eine ganze Weile sitzen und starrten in die Glut der Holzscheite. Nun, wo das Feuer heruntergebrannt war, wurde es empfindlich kalt. Bis auf Hank hatten nach und nach auch die anderen Mitarbeiter die Feuerstelle verlassen und sich in ihre Hütten begeben. Skinny war als Letzter gegangen. Er hatte Justus beim Weggehen einen bedeutungsvollen Blick zugeworfen.
»Und ihr seid gar nicht müde?«, fragte Hank finster.
»Nein, wir möchten noch ein wenig sitzen bleiben«, antwortete Justus.
»Wie ihr wollt, aber denkt daran, dass morgen ein langer Tag vor euch liegt. Nicht, dass ihr verschlaft.«
»Keine Sorge, Sir«, beschwichtigte Justus ihn.
Hank grummelte etwas in seinen Bart und begann, die Glut unter dem Grillrost zu löschen.
»Kollegen«, sagte Justus leise, »ich schlage vor, dass wir uns gleich offiziell in unser Zelt zurückziehen, und sobald auch Hank in seine Hütte verschwunden ist, machen wir uns auf den Weg. Soweit ich es beobachten konnte, schlafen die Mitarbeiter in den beiden kleinen Hütten am See. Nur Molly wohnt im Haupthaus. Wobei wir das zunächst außer Acht lassen können. Außer Küche, Speisesaal und Aufenthaltsraum ist dort nichts Spannendes, und das alles kann ich mir auch tagsüber ansehen. Viel mehr interessieren mich die Kleiderkammer und das kleine Blockhaus, in dem das Büro untergebracht ist.«
Erneut erklang das unheimliche Heulen aus dem Wald. Peter

blickte etwas beklommen in Richtung der dunklen Bäume. »Ob es klug war, unser Zelt so nah am Waldrand aufzubauen?«

»Es war sogar sehr klug, Zweiter«, entgegnete Justus. »Wir können von dort aus ungesehen auch eine Stippvisite in den Wald unternehmen. Vielleicht sollten wir sogar als Erstes nachsehen, was diese schauerlichen Geräusche von sich gibt.«

»Meinst du, es handelt sich um ein Tier, Just?«, fragte Bob.

»Möglich.« Justus überlegte kurz. »Vielleicht finden wir frische Spuren oder sonstige Hinweise auf den Verursacher.«

Peter starrte den Ersten Detektiv an. »Das ist nicht dein Ernst, Just. Du willst mitten in der Nacht durch den stockdunklen Wald irren, um ein Monster zu jagen? Ohne mich!«

»Es gibt keine Monster, Zweiter, oder glaubst du etwa Hanks alberne Gruselgeschichte?«

Wieder hörten sie das Heulen, gefolgt von kurzen, abgehackten Brülllauten. Die drei ??? lauschten für einen Moment in die Nacht hinein.

Peter schlang fröstelnd die Arme um sich. »Mir gefällt das jedenfalls nicht. Ja, ich weiß, es gibt keine Monster, aber so klingt kein Tier, das ich kenne. Bob, sag doch auch mal was.«

»Peter hat recht, Erster. Spuren können wir außerdem bei Tageslicht viel eher finden.«

»Hm, aber den Verursacher der Laute treffen wir dann sehr wahrscheinlich nicht mehr an«, gab Justus zu bedenken.

»Und das ist mir ganz recht!« Peter verschränkte die Arme.

Willst du dich mit den drei ??? im Camp umsehen? Lies weiter auf Seite 81. Oder möchtest du dem unheimlichen Heulen im Wald auf den Grund gehen? Dann lies weiter auf Seite 72.

Du bist von Seite 92 hierhergelangt.

Der Erste Detektiv steuerte auf die Blockhütte zu. Die massiven Balken waren aus dunkelbraunem Holz. Justus klopfte an die Tür, doch nichts geschah. Schließlich drehte er den Knauf und die Tür öffnete sich. Durch ein kleines Fenster fiel nur gedämpftes Licht in den Raum. An den Wänden standen rechts und links Regale, die mit Fußballschuhen, Bällen aller Art und Tornetzen vollgestopft waren. Zwei Reihen von Spinden und lange Holzbänke befanden sich in der Mitte der Hütte. Es war niemand zu sehen.

Der Erste Detektiv ging zu einer der Spindreihen. Auf den schmalen Schränken standen die Namen der Spieler. *Riley Clark* und *Esteban Lopez,* las Justus. Er zog an einer Spindtür. Sie war verschlossen.

»Willst du was klauen, Dicker?«

Die altbekannte Stimme ließ Justus herumfahren. »Skinny? Skinny Norris!«

»Ja, das ist mein Name, Justus Mac Sherlock.«

»Was machst du hier?«, fragte Justus.

»Die Frage ist doch wohl eher, was *du* hier machst.« Skinny lehnte sich locker an einen Spind.

»Ich suche den Zeugwart.«

Skinny grinste breit. »Ich würde sagen, du hast ihn gefunden.«

Justus spürte, wie ihm alle Farbe aus dem Gesicht wich. »Das ist nicht dein Ernst ...« Sein schlimmster Albtraum wurde Wirklichkeit. Skinny Norris war der Zeugwart, und er, Justus, würde ihm zuarbeiten ... Der Erste Detektiv rang für einen Moment um Fassung.

»Kombiniere, kombiniere, du bist mein neuer Gehilfe.« Das

Grinsen in Skinnys Gesicht wurde noch breiter. »Tja, da werden wir sicherlich viel Spaß haben. Ich zumindest. Was fällt mir denn da mal Schönes für dich zu tun ein …?«

»Freu dich nicht zu früh, Skinny. Zunächst einmal erwartet Molly mich.«

»Ach ja, du bist zum Küchendienst eingeteilt. Und danach meldest du dich wieder bei mir, damit ich dir deine Aufgaben für morgen mitteile. Es müssten sämtliche Fußballschuhe geputzt werden. Aber vielleicht fällt mir für dich auch noch etwas Besseres ein.«

»Klar, Skinny«, murrte Justus. Er drehte sich um und verließ zügig die Hütte.

Lies weiter auf Seite 98.

Du bist von Seite 69 hierhergelangt.

Der Erste Detektiv schüttelte energisch den Kopf. »Im Camp können wir uns später noch umsehen. Das läuft uns nicht weg. Aber das Heulen ist jetzt zu hören, also sollten wir ihm auch jetzt nachgehen. Und wer weiß, vielleicht ist diese Schauermusik ja auch Teil der Sabotage.«

»Aber was könnte jemand damit bezwecken wollen?«, fragte Peter leise.

»Unter Umständen dasselbe wie mit den anderen Aktionen. Sicher können wir das aber nur herausfinden, indem wir den Lauten folgen.«

»Das wird schwierig werden«, warf Bob ein. »Wie euch vielleicht aufgefallen ist, sind sie nicht mehr zu hören.«

»Wenn es ein Tier war, ist es vermutlich weitergezogen, aber wenn das Heulen irgendwie von Menschen erzeugt wurde, finden wir vielleicht Spuren im Wald.«

»Also gut, gehen wir mal davon aus, dass jemand ganz bewusst diese Töne erzeugt – warum haben sie dann jetzt aufgehört?«, wollte Peter wissen.

»Vermutlich, weil das Ziel erreicht ist. Falls es ein Mensch steuert, gehe ich davon aus, dass die Campbewohner geängstigt werden sollen«, raunte Justus seinen Freunden zu. Er behielt dabei Hank im Auge, doch der schien sich nicht um die drei Jungen zu kümmern. Er saß nun etwas abseits und rauchte eine Zigarette.

»Und zusammen mit Hanks Schauergeschichte hat das ja auch geklappt«, bestätigte Peter. »Zumindest bei einigen der Jungen.«

»Auf jeden Fall sollten wir uns ins Zelt zurückziehen und von dort aus unauffällig in den Wald schleichen.«

Peter gähnte auffällig. Laut sagte er: »Lasst uns schlafen gehen. Ich bin hundemüde.«
»Ja, ich auch.« Justus stand auf.
Hank warf ihnen einen Blick zu, den Justus zu deuten versuchte. Der Mann wirkte fast erleichtert, dass nun auch die drei ??? endlich ins Bett gingen.
»Gute Nacht, Mr Williams. Bis morgen«, rief Bob.
»Jaja, verschwindet endlich. Ich lösche die Glut und räume hier noch den Rest auf. Um Punkt sieben Uhr morgen früh findet ihr euch im Haupthaus ein.«
Die Jungs verkniffen sich einen Kommentar und gingen zu ihrem Zelt. Sie verschwanden nur kurz darin, um sich ihre Taschenlampen zu holen.
Justus warf einen Blick in Richtung Lagerfeuer. Hank war damit beschäftigt, die Glut mit Sand zu bestreuen. Er drehte ihnen den Rücken zu, sodass die drei ??? ungesehen in den angrenzenden Wald verschwinden konnten.
»Schnell, Kollegen, die Gelegenheit ist günstig.«
Sie liefen auf den Waldrand zu. Als sie die Bäume erreicht hatten, wurde es deutlich dunkler um sie herum. Der Mond schien nur spärlich durch die Zweige der Bäume. Nach einigen weiteren Metern blieben sie stehen und schalteten ihre Taschenlampen an.
»Hier dürfte Hank den Lichtschein nicht mehr sehen«, sagte Justus.
Sie folgten einem schmalen Pfad zwischen Nadelbäumen tiefer in den Wald hinein. Überall um sie herum raschelte und knackte es. Irgendein kleines Tier huschte so plötzlich vor ihnen über den Weg, dass Peter vor Schreck beinahe seine Ta-

schenlampe fallen gelassen hätte. Doch von einem Waldmonster fehlte jede Spur und auch Hinweise auf menschliche Aktivitäten waren nicht zu entdecken. Der Boden war voller Kiefernnadeln und die drei ??? konnten keinerlei Fußabdrücke ausmachen.

Dennoch hatte der Zweite Detektiv das unbestimmte Gefühl, dass sie nicht allein waren. Einmal glaubte er sogar, einen großen dunklen Schatten erspäht zu haben. Doch als er den Schein seiner Lampe auf das Dickicht richtete, war nichts zu sehen.

Nach einer Weile blieben sie stehen. Justus bückte sich, um seinen Schuh zuzubinden.

Bob leuchtete die umliegenden Bäume ab. »Das bringt irgendwie nichts. Außerdem glaube ich, dass wir im Kreis laufen. Wir müssten schon bald wieder am Camp sein. Lasst uns zurückgehen.«

Peter folgte mit seinem Blick dem Schein der Lampe. »Warte, Bob. Leuchte noch mal dahin. Dort oben an den Stamm der Kiefer. Seht ihr das?«

»Ja«, bestätigte Bob. »Da ist ein Metallring am Stamm befestigt. Was bedeutet das?«

»Ich könnte mich irren, aber ich kenne diese Art von Ringen. Auf dem Sportplatz unserer Schule sind damit die Lautsprecher für die Durchsagen an den Masten befestigt.«

»Du meinst, jemand hat dort einen Hornlautsprecher angebracht und darüber die seltsamen Laute abgespielt? Das könnte möglich sein. Gut gesehen, Zweiter«, lobte Justus.

Bob war skeptisch. »Also ich weiß nicht. Solche Halterungen können viele Zwecke haben und vor allem ist jetzt kein Lautsprecher dran. Außerdem würde der doch eine Stromversorgung benötigen. Seht ihr hier irgendwo eine Steckdose? Ich jedenfalls nicht.«

»Erstens könnte man den Lautsprecher nach Abspielen der Monsterlaute wieder entfernen, damit er niemandem auffällt. Und zweitens …«, erwiderte Peter, der sich von seiner Idee mit der Lautsprecherhalterung nicht so leicht trennen wollte, » … gibt es heutzutage Outdoor-Lautsprecher auch schon mit einem Solar-Panel. Die kann man tagsüber aufladen. Bei guter Qualität sollten die genug Power für ein paar Tierlaute liefern.«

»Ganz davon abgesehen«, warf Justus ein, »dass ein geübter Bastler durchaus auch eine Verbindung mit einer leistungsstarken Batterie bauen kann.«

»Also gut«, gab sich Bob geschlagen. »Allerdings ist das alles nur eine Vermutung. Wir haben keinerlei Beweise, dass dort wirklich ein Lautsprecher angebracht war. Und uns ohne zielführende Hinweise hier auf die Lauer zu legen, macht ja wohl auch keinen Sinn. Selbst wenn hier jemand einen Lautsprecher angebracht hatte, ist er jetzt weg und wir wissen nicht, wann und ob überhaupt die Person hierher zurückkommt.«

»Das stimmt, Bob. Machen wir uns auf den Weg ins Camp und sehen uns wie geplant dort um. Vielleicht finden wir einen Hinweis, der deine Vermutung stützt, Zweiter. Hier im Wald können wir uns in den nächsten Tagen immer noch auf die Lauer legen.«

Kaum hatte Justus seinen Vorschlag ausgesprochen, erklang aus einiger Entfernung das unwirkliche Heulen erneut. Die drei ??? verharrten einen Moment regungslos.

»Das Waldmonster …«, flüsterte Peter. »Da ist es wieder.«
Nach einer kurzen Pause setzten die Brülltöne ein.
»Unsinn. Du hast doch eben selbst gesagt, das Heulen könnte über einen Lautsprecher abgespielt worden sein«, sagte Justus. »Fällt euch übrigens auf, dass es exakt die gleiche Abfolge ist wie beim letzten Mal? Ein lang gezogenes Heulen und danach so abgehackte Brülllaute. Ich bin mir jetzt absolut sicher, dass wir es hier nicht mit einem natürlichen Phänomen zu tun haben, sondern dass ein Mensch dahintersteckt.«
»Was auch immer die Ursache ist, es kommt nun viel tiefer aus dem Wald. So, als wollte es uns vom Camp weglocken.« Der Zweite Detektiv sah sich beunruhigt um. »Ob uns jemand beobachtet? Ich habe eine ganze Weile schon so ein komisches Gefühl«, gab er zu. »Ich will aus diesem Wald raus.«

Willst du den Lauten tiefer in den Wald folgen, lies weiter auf Seite 14. Oder möchtest du umkehren und das Camp unter die Lupe nehmen? Dann lies weiter auf Seite 47.

Am nächsten Tag beluden die drei Jungs auf dem Hof des Schrottplatzes Bobs gelben VW Käfer mit ihren Rucksäcken, einer Kühltasche und ihrem alten Zelt.

Peter quetschte sich zwischen die Isomatten und Schlafsäcke auf die Rückbank, während Justus neben Bob auf dem Beifahrersitz Platz nahm.

In dem Moment kam Mathilda Jonas, Justus' Tante, vom Haus herübergelaufen. Sie winkte aufgeregt und hielt eine braune Papiertüte in der Hand.

Justus kurbelte die Scheibe herunter. »Was gibt es, Tante Mathilda?«

»Vergesst eure Lunchpakete nicht. Ich habe euch Sandwiches gemacht und die restlichen Stücke vom Kirschkuchen eingepackt.«

»Das ist großartig, Mrs Jonas«, rief Peter begeistert.

Auch der Erste Detektiv strahlte. »Danke.«

»Ich weiß doch, dass ihr immer Hunger habt, vor allem Justus.« Mathilda Jonas lächelte. Sie konnte zwar sehr streng sein, aber kümmerte sich stets liebevoll um ihren Neffen. Sie und ihr Mann Titus hatten Justus bei sich aufgenommen, nachdem seine Eltern vor vielen Jahren bei einem Flugzeugunglück ums Leben gekommen waren.

Bob startete bereits den Wagen, während Tante Mathilda weiterredete.

»Hast du auch eine warme Jacke dabei? Dort im Wald und in den Bergen kann es nachts durchaus mal kühler sein. Und das Handy hast du auch dabei? Ruf sofort an, wenn ihr angekommen seid, hörst du, Justus!«

»Ja. Wir müssen jetzt wirklich los.«

Du bist von Seite 13 hierhergelangt.

Justus' Tante nickte. »Na, dann fahrt vorsichtig und passt auf euch auf.«
Bob gab Gas und lenkte den Wagen vom Schrottplatz, während Mathilda Jonas ihnen eifrig nachwinkte.
»Manchmal ist deine Tante wirklich überfürsorglich«, bemerkte Bob.
»Sie macht sich eben Sorgen um uns.« Justus zuckte die Schultern. »Dabei ist das gar nicht notwendig.«
»Sie kennt uns halt«, kommentierte Peter.
Bob fuhr Richtung Nordosten und nach einiger Zeit erreichten die drei ??? Bakersfield. Sie hielten an einer Tankstelle. Peter besorgte aus dem Shop gekühlte Limonade und Bob betankte seinen Käfer. Justus stieg ebenfalls aus, um sich die Beine zu vertreten.
»Von hier aus brauchen wir knapp drei Stunden bis zum Kings Canyon. Allerdings kommt dann noch die Fahrtzeit dazu, die wir durch den Park bis zum Camp fahren müssen«, informierte Bob seinen Freund. »Ich nehme an, dass wir dort nicht ganz so schnell vorankommen werden. Wie weit müssen wir in den Park hineinfahren?«
»Warte, ich habe mir von Jimboy eine genaue Anfahrtsbeschreibung durchgeben lassen.« Justus zog seinen Rucksack aus dem Wagen und öffnete das Seitenfach. Er kramte darin herum. »Merkwürdig«, murmelte er und zog intensiv die Stirn in Falten.
»Was ist merkwürdig, Erster?«, erkundigte sich Peter, der neben Justus aufgetaucht war und ihm eine Orangenlimo entgegenstreckte.
Justus ignorierte das Getränk. »Ich suche die Anfahrtsbe-

schreibung. Ich bin mir sicher, sie hier in die Seitentasche gesteckt zu haben.«

»Oh nein, Just. Sag nicht, dass du die Wegbeschreibung in der Zentrale liegen gelassen hast.«

Der Erste Detektiv drehte seinen Rucksack um und schüttete den gesamten Inhalt auf den Beifahrersitz des Käfers. Wild kramte er darin herum, jedoch ohne Erfolg. Er seufzte. »Es sieht ganz danach aus.«

»Oh, Mann. Heißt das, dass wir den ganzen Weg zurückmüssen, um die Wegbeschreibung zu holen?«

»Nö.« Bob verschränkte die Arme vor der Brust. »Ich fahre doch jetzt nicht die ganze Strecke noch mal.«

»Hast du eine bessere Idee?«, fragte Peter. »Der Kings-Canyon-Park ist schließlich nicht gerade klein. Wie sollen wir da ein Trainingscamp mitten im Wald finden?«

»Zusammen mit dem Sequoia-Nationalpark, an den der Kings Canyon von Norden her angrenzt, beläuft sich die Gesamtfläche auf etwa 3.500 Quadratkilometer«, dozierte der Erste Detektiv.

»Na wundervoll, Just. Du hättest dein geniales Gehirn lieber beim Packen einschalten sollen«, kommentierte Peter. »Dann müssten wir jetzt nicht noch mal nach Rocky Beach.«

»Ich könnte den Weg aus dem Gedächtnis rekonstruieren. Immerhin habe ich die Anfahrtsbeschreibung nach Jimboys Angaben per Hand aufgeschrieben«, schlug Justus vor. »Außerdem sind wir ja nicht zum ersten Mal im Kings-Canyon-Park.« Der Erste Detektiv spielte damit auf einen alten Fall der drei ??? an. »Wir finden den Weg zu dem Sportcamp bestimmt.«

»Du meinst, du kannst die Anfahrtsbeschreibung auswendig?« Bob war skeptisch.
»So kompliziert war die nicht«, behauptete Justus selbstsicher.
»Wir werden uns verfahren und tagelang durch den Nationalpark irren! Ohne mich!« Peter reckte energisch sein Kinn vor.
»Das ist doch Unsinn«, erwiderte der Erste Detektiv. »Wir werden sicherlich nicht ›tagelang durch den Nationalpark irren‹. Ich kann mich auf mein Erinnerungsvermögen durchaus verlassen und außerdem: Wo bleibt dein Sinn fürs Abenteuer, Zweiter?«
»Auf solche Abenteuer kann ich verzichten. Was meinst du, Bob?«
»Ihr könnt das unter euch abmachen, ich bezahle jetzt erst mal«, grummelte Bob und ging zur Kasse.
»Sag mal, Just, kannst du nicht Jimboy anrufen und ihn noch einmal nach dem Weg fragen?«
»Gute Idee, Zweiter.« Justus wählte die Handynummer von Jimboy, doch der meldete sich nicht. Der Erste Detektiv zuckte mit den Schultern. »Nur eine Ansage, dass der Teilnehmer im Moment nicht erreichbar ist.«
»Mist. Was machen wir nun?«

Willst du dich ohne Wegbeschreibung ins Abenteuer stürzen? Dann lies weiter auf Seite 40. Oder gehst du auf Nummer sicher und fährst zurück zum Schrottplatz? Dann lies weiter auf Seite 112.

Der Zweite Detektiv warf Bob einen auffordernden Blick zu. »Was meinst du? Es ist doch verrückt, mitten in der Nacht nach einem Monster zu suchen, oder?«

»Wie gesagt, es macht vermutlich keinen Sinn, im dunklen Wald nach Spuren zu suchen. Nehmen wir uns das Camp vor. Immerhin sollen wir ja die mysteriösen Vorfälle mit den zerstörten Trikots und so weiter aufklären. Ich glaube zumindest nicht, dass ein Monster sich an der Ausrüstung der Spieler vergreift«, argumentierte der dritte Detektiv.

Justus nickte nachdenklich. »In Ordnung. Also, Kollegen, wir gehen ins Zelt, und sobald Hank sich ebenfalls zurückgezogen hat, legen wir los.«

Peter gähnte auffällig. Laut sagte er: »Lasst uns schlafen gehen. Ich bin hundemüde.«

»Ja, ich auch.« Justus stand auf.

Hank warf ihnen einen Blick zu, den Justus zu deuten versuchte. Der Mann wirkte fast erleichtert, dass nun auch die drei ??? endlich ins Bett gingen.

»Gute Nacht, Mr Williams. Bis morgen«, rief Bob.

»Jaja, verschwindet endlich. Ich lösche die Glut und räume hier noch den Rest auf. Um Punkt sieben Uhr morgen früh findet ihr euch alle im Haupthaus ein. Es gibt viel zu tun.«

»Das gilt ja wohl nicht für mich«, widersprach Peter. »Ich bin Trainer.«

»Ach ja, der Herr Trainer ist beim Trainingslauf«, brummte Hank unwillig. »Na gut, aber ihr beiden bereitet das Frühstück vor.«

»Natürlich, Mr Williams«, antwortete Bob betont freundlich.

Du bist von Seite 69 hierhergelangt.

Die drei ??? gingen zu ihrem Zelt. Darin war es kühl und klamm. Peter ließ sich auf seinen Schlafsack fallen. »Der Typ hat sie doch nicht alle. Er behandelt uns wie Arbeitssklaven.«
»Na ja, das sind halt die Freuden eines Ferienjobs«, bemerkte Bob ironisch.
»Von wegen Ferienjob. Wir bekommen dafür ja nicht einmal Geld.«
»Richtig«, gab Justus zu. »Jimboy hat unsere Hilfe hier ehrenamtlich angeboten. Es war eben die einzige Möglichkeit, damit wir ganz sicher eingestellt werden und hier vor Ort ermitteln können.«
»Schon klar, Erster.« Peter seufzte.
»Das sollte dich doch motivieren«, sagte Justus.
»Wie soll mich denn ein unbezahlter Job motivieren?«, wunderte sich Peter.
»Ja, das würde mich auch interessieren«, warf Bob ein.
»Es sollte euch dazu motivieren, diesen Fall schnell abzuschließen, denn je eher wir ihn gelöst haben, desto eher können wir Ferien machen.« Justus lächelte.
»Auf solche Gedankengänge kann auch nur unser Erster kommen«, bemerkte Bob trocken.
»Okay, wir sollten uns jetzt wieder auf unseren Fall konzentrieren.« Justus zog einen kleinen Reißverschluss auf und spähte durch ein winziges Fenster in der Zeltplane. »Sieht so aus, als ob Hank die Glut gelöscht hat. Er verlässt gerade die Feuerstelle. Wir sollten noch zehn Minuten warten. Ich möchte sichergehen, dass wir ihm nicht begegnen, obwohl ich das Gefühl habe, dass Hank ebenfalls durch das Camp geistern könnte.«

»Du meinst, er ist der Saboteur?«, schlussfolgerte der dritte Detektiv.

»Er wirkte jedenfalls sehr erleichtert, als wir uns endlich zum Zelt begeben haben.«

»Du könntest richtigliegen, Erster. Mir ist nur noch nicht klar, warum er das Trainingslager sabotieren sollte.«

»Das gilt es herauszufinden«, antwortete Justus. »Zumindest sollten wir ihn in Gedanken mit einem Fragezeichen versehen.«

Die Freunde warteten noch einige Minuten ab, aber als es weiterhin still blieb, wagten sie sich wieder aus dem Zelt. Von Hank war weit und breit nichts mehr zu sehen.

»Zur Sicherheit sollten wir nicht den direkten Weg nehmen, sondern noch ein Stück durch den Wald gehen, um unentdeckt zu den Hütten zu kommen«, schlug Justus vor und lief voraus.

Lies weiter auf Seite 47.

Du bist von Seite 18 hierhergelangt.

Peter holte mehrmals tief Luft. »Und was machen wir jetzt?«
»Wir nehmen die Höhle noch einmal genauer in Augenschein. Vielleicht finden wir etwas, das uns hilft, hier herauszukommen«, schlug Justus vor. »Möglicherweise gibt es in der Höhle auch noch einen weiteren Gang, der uns ins Freie führt.«
Peter zog skeptisch eine Augenbraue hoch. »Justus, da war nichts.«
»Wir sollten es dennoch tun, nur um sicherzugehen, dass wir nichts übersehen haben.«
Der Zweite Detektiv gab sich geschlagen. »Von mir aus. Alles ist besser, als hier herumzusitzen.«
Sie gingen langsam zurück und sahen sich die Wände und die Decke ihres Gefängnisses genau an. Doch nirgendwo fand sich etwas anderes als massiver Fels.
Ernüchtert gingen die beiden Jungen wieder zum Eingang und hockten sich auf den unbequemen Boden.
Justus beschäftigte sich mit dem gefundenen Handy. Es war ein älteres Modell. Er versuchte den Code auf dem Display zu knacken, mit dem das Telefon entsperrt werden konnte. Doch seine Bemühungen blieben erfolglos. Schließlich war der Akku leer und der Erste Detektiv musste sich geschlagen geben.
Die Zeit verstrich, ohne dass irgendetwas passierte. Immer wieder horchten sie, ob sie Geräusche von draußen vernehmen konnten, aber es blieb still.
Irgendwann schliefen sie ein.

Als die beiden Jungen aufwachten, waren draußen gedämpfte Stimmen zu hören.

Peter war ganz aufgeregt. »Just! Da kommen Leute.«
Gemeinsam trommelten sie mit ihren Fäusten an die Felsen. »Hier sind wir!«, riefen sie, so laut sie konnten.
Es dauerte dann noch gefühlt eine halbe Ewigkeit, bis die Felsen beiseitegeräumt worden waren. Endlich wurden Peter und Justus nicht nur von Bob, Jimboy, Tom und Hank empfangen, sondern auch von dem Park-Ranger Mr Bishop und seinen Helfern, die die beiden Jungen aus der Höhle befreit hatten.
»Ich bin so froh, euch zu sehen«, rief Bob. »Es tut mir leid, dass ich nicht früher Hilfe holen konnte, aber jemand hat mich von hinten niedergeschlagen und ich war bewusstlos. Als ich wieder aufgewacht bin, sah ich, dass der Eingang zur Höhle verschüttet war. Ich habe sofort nach euch gerufen – warum habt ihr euch nicht gemeldet?«
»Wahrscheinlich war das genau in der Zeit, in der wir den Gang zurück in die Höhle gegangen sind und einen anderen Ausweg gesucht haben. Dort haben wir dich nicht gehört.«
»Ach so. Ich hatte schon befürchtet, ihr wärt durch den Steinschlag verletzt worden. Ich habe versucht, die Steine allein wegzuräumen, aber sie waren zu schwer, deshalb bin ich zum Camp gelaufen, um Hilfe zu holen.«
Justus lächelte erleichtert. »Danke, Bob. Ohne dich wären wir da drin verloren gewesen.«
»Mr Bishop, sehen Sie sich mal diese Spuren hier oben an«, rief jetzt einer der Helfer. »Sieht so aus, als hätte jemand den Steinschlag absichtlich provoziert.«
Der Ranger runzelte die Stirn, als er die Spuren oberhalb der Höhle auf einem Felsvorsprung begutachtete.
Justus warf den Männern einen Blick zu und sagte leise zu sei-

nen Freunden: »Das war unser unbekannter Gegner. Wir müssen ihm schnellstens das Handwerk legen.«

»Dafür ist es leider zu spät.« Jimboy klopfte seinem Cousin auf die Schulter. »Aber Hauptsache, ihr seid wohlauf.«

»Wie meinst du das?«, fragte der Erste Detektiv irritiert.

»Das Camp wird abgebrochen. Mehrere Spieler haben schwere Durchfälle bekommen. Jemand scheint heimlich etwas ins Essen gemischt zu haben. Es wurde ein Fläschchen mit einem starken Abführmittel gefunden. Der Leiter des Projekts, Mr Craine, hat bereits die Eltern informiert, damit die Jungen abgeholt werden.«

»Aber das darf nicht sein …«, begann Justus. »Wir haben doch noch nicht herausgefunden, wer hinter alldem steckt.«

Jimboy schüttelte traurig den Kopf. »Es ist vorbei, Justus.«

Die drei ??? standen betroffen da, als Mr Bishop wieder zu ihnen trat. »Wie konntet ihr nur so unverantwortlich sein, einfach eine unbekannte Höhle zu betreten? Abgesehen davon, dass euch hier jemand ganz bewusst in die Höhle gesperrt hat, ist es immer gefährlich, allein und ohne Ausrüstung und Führung in eine Höhle zu gehen. Es kann passieren, dass man verschüttet wird, auch ohne äußeren Einfluss. Ihr habt absolut leichtsinnig gehandelt.«

Justus ließ den Kopf hängen. »Das ist uns bewusst, Sir.«

Der Ranger schüttelte den Kopf. »Ihr könnt froh sein, dass nichts Schlimmeres passiert ist. Ihr kommt jetzt mit mir zur Protokollaufnahme und dann rufe ich eure Eltern an.«

Die drei ??? folgten dem Ranger und machten ihre Aussage. Natürlich glaubte er ihnen zunächst kein Wort. Doch er versprach, das Mobiltelefon und den Lautsprecher der örtlichen

Polizei zu übergeben. Von den gezielten Aktionen gegen das Trainingscamp wollte er allerdings nichts hören. Er glaubte, dass die Lautsprecher von Wilderern installiert worden waren, denen er schon eine ganze Zeit lang auf der Fährte war. Er vermutete, dass diese mit den Lauten Schwarzbären anlocken wollten.

Das Trainingslager wurde geschlossen und auch die drei ??? mussten abreisen.

Bob legte diesen ungelösten Fall ganz unten in seinem Archiv ab.

Kehre zurück zu Seite 76 und entscheide dich neu.

Du bist von Seite 115 hierhergelangt.

»Nein, so einfach gebe ich mich nicht geschlagen«, entschied Justus. Er verschränkte seine Arme energisch vor der Brust. »Wir haben eine lange Fahrt hinter uns und werden nicht eher fahren, bis wir mit Jimboy oder dem Campleiter gesprochen haben.«
»Du bist ganz schön hartnäckig, Junge.« Der Mann rieb sich seinen Dreitagebart.
Justus nickte. »Das bin ich in der Tat, Sir.«
»Nun ... ich bin der Campleiter.«
»Sie?«, entfuhr es Peter, was ihm einen weiteren finsteren Blick des Mannes einbrachte.
»Ja, ich halte das Gelände in Ordnung, kümmere mich um die Häuser und sorge für alles Notwendige. Auch dafür, dass sich keine ungebetenen Gäste einschleichen. So gesehen bin ich der Leiter dieses Camps.«
»Was heißt denn *ungebetene Gäste*?«, fragte Bob.
»Während des Trainingscamps sind private Besuche verboten. Das gilt auch für euch und euren Cousin. Also, ich habe mit euch gesprochen und jetzt steigt ihr wieder in den Wagen und fahrt nach Hause.«
»Nein, das werden wir nicht tun«, widersprach Justus erneut. Der angebliche Campleiter hob eine Augenbraue und Peter beeilte sich zu erklären: »Wir haben hier nämlich einen Ferienjob angenommen.«
Nun begann der Mann lauthals zu lachen. »Ach, ganz plötzlich einen Job, soso, und wieso weiß ich davon nichts?«
Noch bevor Justus antworten konnte, flog die Tür des großen Blockhauses auf. Eine rundliche Frau mittleren Alters erschien im Türrahmen. Sie trug Jeans und ein Poloshirt, das mit dem

Schriftzug *Kings-Canyon-Nationalpark* bedruckt war. Ihr aschblondes Haar hatte sie zu einem langen Zopf geflochten. »Hank, wo steckst du denn? Ich brauche deine Hilfe.«

»Ich komme gleich, Molly. Ich muss nur eben diese Nervensägen loswerden!«, rief der Mann ihr über die Schulter zu.

Die Frau kam auf die Gruppe zu. »Sind das die neuen Aushilfskräfte?«

Bevor der angebliche Campleiter antworten konnte, stellte Justus sich und seine Freunde vor.

Molly strahlte die drei ??? an. »Wir haben schon sehnlich auf euch gewartet, Jungs!«

»Dann hat das also seine Richtigkeit mit den Ferienjobs? Wieso hat mir niemand was davon erzählt?«, beschwerte sich Hank.

»Natürlich habe ich dir davon erzählt. Du hörst mir nur nie richtig zu«, wies ihn Molly energisch zurecht. Dann wandte sie sich wieder den Jungen zu. »Wir hatten euch früher erwartet und befürchteten schon, dass ihr gar nicht mehr kommt. Aber jetzt seid ihr ja da und könnt sofort loslegen ... Oh, verzeiht mir, dass ich euch so direkt einspanne, aber es gibt eine Menge zu tun.«

»Das ist schon in Ordnung, Madam«, versicherte Justus.

»Sagt einfach Molly zu mir. Wir sind hier wie eine große Familie.«

Nun mischte sich Hank wieder in die Unterhaltung ein. »Wenn ihr unsere Aushilfen seid, dann kann einer von euch mir gleich zur Hand gehen. Vielleicht du, Bursche.« Damit wies Hank auf Bob. »Ich hoffe, du bist nicht so ein schwächlicher Stadtschnösel. Mit denen kann ich nichts anfangen.«

Bob schluckte eine Bemerkung hinunter. Dieser Hank war einfach unmöglich.
»Nun reg dich doch nicht gleich wieder auf, Hank.« Molly lächelte beschwichtigend.
Ihr zuliebe zuckte der dritte Detektiv die Schultern. »Also gut, was soll ich machen, Hank?«
»Für dich immer noch Mr Williams. Du kommst mit mir mit. Wir müssen Holz hacken.«
»Na klar.« Bob seufzte kaum hörbar. »Kann ich vorher noch auf die Toilette gehen?«
»Aber beeil dich. Wir haben viel zu tun!« Hank wandte sich zum Gehen.
Bob nickte seinen Freunden zu. »Bis später dann.«
Die winkten ihm aufmunternd hinterher.
»So, und nun zu euch beiden«, sagte Molly. »Ich nehme an, du bist der zweite Aushilfstrainer, oder?«
Peter nickte.
»Das dachte ich mir. So durchtrainiert, wie du aussiehst.« Die Frau lachte ansteckend.
Peter wurde gleich zwei Zentimeter größer. »Nun, ich bin sportlich vielseitig interessiert. Ich spiele Basketball, surfe, fahre gerne Rennrad und natürlich kenne ich mich auch mit Fußball –«
»Das kannst du mir gerne später genauer erzählen«, unterbrach ihn Molly. »Hank hat recht, wir haben wirklich unglaublich viel zu tun. Ich schlage vor, ich weise euch kurz ein, und dann legen wir los. Ihr könnt eure Sachen später auspacken. Ich muss sowieso noch klären, wo ich euch unterbringe, denn das Mannschaftszelt ist voll. Hank wohnt in einer der

Hütten am See, aber er besteht darauf, allein zu wohnen. Vielleicht könnten wir euch beim ersten Zeugwart einquartieren.«

»Beim ersten Zeugwart?«, fragte Justus irritiert.

»Wir hatten vor zu zelten«, warf Peter ein.

»Prima!« Molly rieb sich die Hände. »Dann wäre das auch geklärt. Peter, du gehst am besten zum Fußballplatz und meldest dich bei Tom Paisley. Er ist der verantwortliche Trainer. Justus, deine Aufgabe wird es sein, den ersten Zeugwart bei der Pflege der Ausrüstung zu unterstützen und mir bei der Verpflegung der Spieler zur Hand zu gehen. Es wäre sinnvoll, wenn du dich kurz beim Zeugwart vorstellst und dann zu mir in die Küche kommst. Die befindet sich hier im Haupthaus. Es müssen noch drei Eimer Kartoffeln geschält werden.«

Justus riss die Augen auf. »Aber ich dachte, ich würde ausschließlich und hauptamtlich die Aufgaben des Zeugwarts übernehmen.«

»Tut mir leid, Justus, aber als ehrenamtliche Helfer seid ihr unsere Mädchen für alles«, entschuldigte sich Molly. »Und wir können eure Hilfe wirklich gebrauchen.«

»Und ich muss jetzt Kartoffeln schälen?« Justus wollte es immer noch nicht glauben.

»Später kannst du unserem ersten Zeugwart bei der Reinigung und Pflege der Fußballschuhe zur Hand gehen. Du bist ihm unterstellt. Du findest ihn da drüben in der dritten Blockhütte. Sie dient dem Team als Ausrüstungskammer. Also, alles klar?«

Peter nickte.

»Dann sehen wir uns gleich in der Küche.« Molly stapfte energisch in das Blockhaus zurück.

Justus schüttelte den Kopf. »Ich fasse es nicht. Kartoffeln schälen! Wie soll ich denn dabei ermitteln?«
»Wir finden schon noch Zeit, uns umzusehen«, tröstete ihn Peter.
»Hm. Auf jeden Fall solltest du beim Training Augen und Ohren aufhalten, ob dir etwas ungewöhnlich erscheint.«
Die beiden gingen ein Stück gemeinsam, dann bog Justus in Richtung der Blockhütte ab, in der sich die Ausrüstungskammer befand, Peter lief weiter zu den Fußballplätzen.

Willst du Peter zum Training begleiten, lies weiter auf Seite 45. Oder möchtest du mit Justus zum Zeugwart gehen? Dann lies weiter auf Seite 70.

Sie folgten dem Schatten in sicherem Abstand. Er bewegte sich zielsicher auf die Hütte mit dem Büro zu. Vor der Tür blieb er stehen und sah sich kurz um. Dann schloss er auf und verschwand im Inneren. Die drei ??? drückten sich an die Wand der Nachbarhütte.

Justus spähte um die Ecke.

»Das ist Mr Paisley, der Trainer.«

»Eigentlich könnte man die Hütten gleich offen lassen«, bemerkte Bob. »Scheint ja sowieso jeder einen Schlüssel zu haben.«

»Na ja, ein Trainer braucht doch auch einen Büroarbeitsplatz«, warf Peter ein. »Wo sollte er sonst die Trainingspläne anfertigen, Mannschaftslisten aufstellen und so etwas? Vermutlich hat Molly ihm das Büro zur Verfügung gestellt und deshalb hat er einen Schlüssel. Bestimmt konnte er nicht schlafen und arbeitet noch etwas.«

»Klingt logisch«, gab der dritte Detektiv zu.

»Wir sollten uns allerdings mit eigenen Augen davon überzeugen«, schlug Justus vor. »An der Seite ist ein Fenster. Dadurch können wir beobachten, was er tut.«

Die drei ??? schlichen hinüber und Peter warf einen Blick in die Hütte. »Er scheint etwas zu suchen.«

Justus schob sich am Zweiten Detektiv vorbei. »In der Tat. Er durchstöbert einen Aktenschrank. Was immer er auch sucht, er wird anscheinend nicht fündig.« Sie sahen, wie Tom Paisley mit wütendem Gesichtsausdruck eine Schranktür zuschlug.

»Schnell, vom Fenster weg. Er kommt raus!«, raunte Justus seinen Kollegen zu. Die Jungs suchten Deckung hinter zwei Mülltonnen.

Du bist von Seite 39 oder Seite 135 hierhergelangt.

Tom Paisley kam aus der Hütte. »Verdammt«, fluchte er halblaut. »Wenn er glaubt, dass er das mit mir machen kann, dann hat er sich geirrt!«

»Da ist aber jemand sauer«, kommentierte Peter den Wutausbruch des Trainers.

»Was er dort wohl gesucht hat?«, überlegte der Erste Detektiv, als plötzlich ein gellender Schrei die nächtliche Stille zerriss.

Für einen Sekundenbruchteil starrten sich die Jungen an, dann rief der Erste Detektiv: »Kommt, Kollegen, lasst uns nachsehen, ob jemand unsere Hilfe braucht.«

Die drei ??? spurteten los. Der Schrei war aus Richtung des Mannschaftszelts gekommen. Schon aus einiger Entfernung sahen sie mehrere Spieler um ein kleines Zelt stehen, das in der Nähe des großen stand. Weitere Jungs drängten sich aus dem Mannschaftszelt hinaus.

Fast zeitgleich mit den drei ??? traf auch der Trainer bei den Spielern ein.

»Was ist passiert? Wer hat hier so geschrien?«, fragte er.

»Bowen«, rief Phil, ein kräftiger, dunkelhaariger Junge.

Der Trainer wandte sich an Bowen. »Was ist passiert?«

»Das Monster!«, rief der schmächtige Junge aufgebracht. »Das Monster war hier und ist um mein Zelt geschlichen.«

Mr Paisley fuhr sich mit der Hand durch die Haare. Er sah müde aus. »Unsinn«, knurrte er. »Wir haben doch schon besprochen, dass es hier kein Monster gibt.«

»Ich habe es mir nicht eingebildet«, ereiferte sich Bowen. »Das Monster hat sogar mein Zelt zerrissen. Es wollte mich töten! Sehen Sie!« Bowen zeigte aufgeregt auf mehrere paral-

lel verlaufende Risse in der Zeltplane. »Hier hat es seine Klauen reingeschlagen!«
Alle Umstehenden starrten entsetzt die zerfetzte Zeltwand an.
»Und was ist dann passiert?«, fragte Justus.
»Dann habe ich geschrien und das Monster ist verschwunden«, erklärte Bowen.
»Einfach so?« Carter grinste.
»Ja, einfach so!«, fuhr ihn Bowen an.
»Was auch immer es war, es ist weg«, fasste Mr Paisley zusammen. »Falls es ein Schwarzbär war, der im Camp nach Nahrung gesucht hat, müssen wir uns etwas überlegen. Ich werde Hank informieren und wir werden uns Gedanken über mögliche Maßnahmen machen. Vielleicht werden wir eine nächtliche Wache aufstellen. Ich glaube nicht, dass das Tier heute Nacht noch mal wiederkommt. Zur Sicherheit schläfst du aber bei den anderen, Bowen.«
Der schüttelte den Kopf. »Ich bleibe nicht hier! Ich will nach Hause!«
Esteban, der ebenfalls herangehumpelt war, schlug vor: »Du kannst mit uns fahren. Meine Eltern holen mich morgen ab.«
»Wieso schläft Bowen eigentlich nicht mit euch zusammen?«, fragte Peter.
»Er schnarcht wie ein Walross.« Phil grinste. »Das war nicht auszuhalten. Wir mussten ihn ausquartieren.«
»Das klären wir alles nach dem Frühstück. Ihr geht jetzt wieder ins Bett«, forderte Tom Paisley die Jungen auf. »Und ich will kein Gemecker über irgendjemandes Schnarchen hören. Schlaft einfach. Alle!«
Vom Haupthaus kam nun auch Molly auf die Versammlung

zu. »Was ist denn hier los?« Sie raffte den Kragen eines locker übergeworfenen Bademantels zusammen.
Während Tom und Molly redeten und die Spieler sich zögerlich wieder ins Mannschaftszelt begaben, umrundete Justus das kleine Zelt und begutachtete den Tatort von allen Seiten. An einem der Spannschnüre hing ein Büschel schwarzer Haare. Justus griff unauffällig danach und steckte es ein.
Dann zog er seine Freunde zu sich heran. »Fällt euch etwas auf?«, raunte er ihnen leise zu.
Peter und Bob sahen sich um.
»Es sind keine Fußabdrücke eines Monsters zu sehen«, stellte der Zweite Detektiv fest.
Der Erste Detektiv schüttelte den Kopf. »Wären dort Spuren eines Tieres gewesen, hätten die Spieler sie vermutlich schon vernichtet, so aufgeregt, wie sie um das Zelt herumlaufen sind. Aber ich denke ohnehin, dass dort nie irgendwelche Bärenspuren zu finden waren. Nein, ich meine die Zeltplane. Die Ränder der Risse sind viel zu glatt. Wenn da Krallen am Werk gewesen wären, würde man erwarten, dass die Plane zerfetzt wäre. Das hier sieht mir mehr nach Schnitten von einem scharfen Messer aus.«
»Warum muss ich jetzt an einen Horrorfilm denken?«, murmelte Peter unbehaglich. »Du meinst doch wohl nicht, dass hier ein Irrer mit einem Messer das Zelt aufgeschnitten hat, Just?«
Der Erste Detektiv legte nachdenklich den Kopf schief. »Nein, ich denke nicht, dass ein Verrückter umgeht. Diese Aktion war gut geplant.«
»Ihr solltet jetzt auch schlafen gehen«, sagte Tom, der den

drei ??? einen kritischen Blick zuwarf. Es war ihm anscheinend nicht entgangen, dass die drei Freunde, genau wie er selbst, vollständig bekleidet waren und nicht wie all die anderen in Schlafanzügen oder Bademänteln steckten.
Justus nickte. »Natürlich, Sir.«
Die drei ??? zogen sich in ihr Zelt zurück. Dort zeigte Justus seinen Freunden das Fellbüschel, dass er von Bowens Zelt mitgenommen hatte.
»Mensch, Just, das ist doch der Beweis!«, rief Peter. »Es war das Monster oder ein Bär. Jedenfalls ein Tier.«
Der Erste Detektiv schüttelte den Kopf. »Du irrst dich. Sieh genau hin, Zweiter. Hier ist ein kleines Stückchen gegerbtes Leder an den Haaren.«
»Tatsächlich.« Bob beugte sich ebenfalls über den Fund. »Sieht aus wie von einem alten Bärenfell.«
Peter überlegte. »Vielleicht so eins, wie es im Haupthaus an der Wand hängt?«
»Möglich, Zweiter. Die Tierfelle im Aufenthaltsraum sollten wir uns morgen mal genauer ansehen.«

Lies weiter auf Seite 124.

Du bist von Seite 71 oder Seite 119 hierhergelangt.

Nach dem Abendessen bauten die drei ??? ihr Zelt am Rand des Camps auf. Als sie fertig waren, machten die Jungs es sich darin gemütlich und tauschten Informationen aus.

»Außer dass ich gefühlt den halben Wald klein gehackt habe, konnte ich nichts zu unserem Fall herausfinden. Dieser Hank ist ein wahrer Leuteschinder«, jammerte Bob. »Hier, seht mal, ich habe schon Blasen an der Hand. Das Holz ist übrigens für ein Lagerfeuer bestimmt, das heute für alle Spieler und Mitarbeiter stattfindet. Wir dürfen auch teilnehmen – praktisch, da können wir gleich alle mal genauer unter die Lupe nehmen.«

»Davon hat mir Jimboy beim Training auch erzählt. Und dazu habe ich im Gegensatz zu dir, Bob, noch so einiges zu berichten.« Peter sah seine Freunde stolz an.

»Na, dann mal los, Zweiter«, forderte ihn Justus auf.

»Also, ich habe mir das Training erst mal nur angesehen. Dabei ist ein Junge gestürzt. Sein Name ist Esteban. Er hat sich übel den Knöchel verstaucht.«

»Und?«, hakte Justus nach.

»Der Sturz hatte keine natürliche Ursache! Die Sohle hat sich vom Fußballschuh gelöst. Komplett. Was sagt ihr dazu? Ich wette, da hat jemand nachgeholfen!«

Bob hob skeptisch eine Augenbraue. »Dass alte Schuhe kaputtgehen, ist doch nichts Ungewöhnliches.«

»Es war aber kein alter, sondern ein nigelnagelneuer Schuh, Bob. Wenn es auch sonst so scheint, dass das Budget für dieses Trainingscamp eher knapp bemessen ist – die Trainingssachen sind alle von hochkarätigen Sportausstattern gesponsert worden. Das hat mir Jimboy berichtet.«

Der Erste Detektiv nickte nachdenklich. »Es wäre sicherlich von Vorteil, wenn wir besagten Sportschuh näher untersuchen könnten.«

»Ich habe die Sohle vom Spielfeld mitgebracht.« Peter präsentierte stolz seinen Fund.

»Sehr gut, Zweiter!« Justus nahm die Sohle entgegen und untersuchte sie ausgiebig. »Nichts zu sehen. Um eine Manipulation auszuschließen, müssten wir vermutlich den ganzen Schuh untersuchen.«

»Es könnte sich auch um einen Materialfehler handeln. So etwas soll vorkommen«, gab Bob zu bedenken.

»Möglich.« Justus knetete seine Unterlippe.

»Wir müssen irgendwie an den Rest des Schuhs herankommen«, überlegte Peter. »Er muss ja noch irgendwo sein. Vermutlich in den Mülltonnen.«

»Oder in der Kleiderkammer. Wir sollten uns heute Nacht genauer im Camp umsehen, nach dem gemeinsamen Lagerfeuer, wenn alle schlafen. Bei der Hütte, in der die Kleiderkammer untergebracht ist, müssen wir allerdings besonders gut aufpassen.«

»Warum, ist die Kleiderkammer ein Hochsicherheitstrakt?«, witzelte Bob.

»Das nicht gerade.« Justus seufzte. »Aber wenn ich euch sage, wer der erste Zeugwart ist ...«

»Das klingt so, als würden wir ihn kennen«, bemerkte der dritte Detektiv.

»Ja, leider kennen wir ihn nur zu gut.«

»Ich habe beim Essen kein bekanntes Gesicht entdeckt«, wunderte sich Peter.

»Er war beim Abendessen nicht anwesend.«

»Wer denn nun? Mach es nicht so spannend, Erster!« Peter rutschte neugierig auf seinem Schlafsack herum.

»Ich hätte es euch schon beim Essen gesagt, aber da wir neben Molly und Hank saßen, hielt ich es für klüger, dieses Gespräch auf später zu verschieben. Es ist kein Geringerer als Skinny Norris«, ließ Justus die Bombe platzen.

Peter riss die Augen auf. »Skinny? Na, dann ist doch alles klar! Er war es. Er ist Zeugwart und hat Zugang zu den Trikots und zu den Schuhen. Er sabotiert dieses Camp. Was müssen wir da noch ermitteln?«

»Ich bin geneigt, deinem Verdacht zu folgen, Zweiter, aber wir haben keine Beweise und auch kein Motiv. Warum sollte Skinny das tun?«

»Warum? Keine Ahnung. Wahrscheinlich arbeitet er wieder mal als kleiner Handlanger für irgendeinen miesen Schuft. Das wäre ja nichts Neues.«

Justus wiegte den Kopf hin und her. »Möglich, aber zieh keine vorschnellen Schlüsse! Und wenn es so ist, wollen wir ja nicht nur Skinny drankriegen, sondern auch den oder die Hintermänner.«

»Stimmt. Also, was schlägst du vor?«

»Wie bereits gesagt, werden wir uns heute Nacht, nachdem alle zu Bett gegangen sind, etwas im Lager umschauen. Ich habe gesehen, dass Molly den Hauptschlüssel in ein kleines Schränkchen in der Küche gehängt hat. Aber ich nehme an, Zweiter, du hast dein Dietrichset dabei und wir brauchen den Schlüssel gar nicht auszuleihen?«

»Na klar, wie immer.«

Justus war zufrieden. »Es sollte also kein Problem sein, in alle Häuser einen Blick zu werfen.«
»Was ist mit dem Mannschaftszelt?«, fragte Peter.
»Das können wir heute Nacht erst mal getrost außen vor lassen. Dafür sollten wir lieber eine Gelegenheit abpassen, wenn die Spieler auf dem Platz sind.«

Lies weiter auf Seite 56.

Du bist von Seite 55 hierhergelangt.

Justus kam schlecht gelaunt in die Küche, nachdem er unter Skinnys wachsamem Blick die komplette Wäsche vom Vortag aufgehängt hatte. Er band sich eine Schürze um und machte sich an die Zubereitung des Mittagessens. Einige Zeit später köchelten zwei Töpfe mit duftender roter Bolognesesoße vor sich hin.

Während Justus noch ein paar Kräuter klein hackte, widmete er sich seiner Lieblingsbeschäftigung, dem Denken, und grübelte über diesen Fall nach.

Bevor Justus' Überlegungen jedoch neue Ansätze für ihre Ermittlungen bringen konnten, kam Sascha in die Küche. »Oh, du bist es nur. Ist Molly nicht da?«

»Nein. Sie ist in die Stadt gefahren, um Einkäufe zu erledigen.«

»Oh, tatsächlich?«, fragte der Physiotherapeut.

Justus stutzte. »Aber Sie haben doch noch vor ihrer Abfahrt mit ihr gesprochen. Ich sah Sie bei Molly am Auto stehen.« Der Erste Detektiv beobachtete den Therapeuten genau.

»Natürlich! Das hatte ich schon wieder ganz und gar verdrängt.« Sascha lachte nervös. »Ich muss so viel im Kopf haben, da bin ich bei Nebensächlichkeiten recht vergesslich, musst du wissen.«

»Sicher«, bemerkte Justus kurz. Dieser Mann verhielt sich äußert merkwürdig.

Sascha plapperte weiter. »Und du bist nun ganz allein für unser Mittagessen verantwortlich?«

»Ja, Molly hat mir das Rezept aufgeschrieben. Machen Sie sich also keine Sorgen.«

»Oh, das mache ich gar nicht. Es riecht ja ganz überaus köstlich. Du willst wohl später mal Koch werden, oder? So ein Pummel wie du isst bestimmt gerne, da würde die Berufswahl passen.«

Justus zog ärgerlich die Augenbrauen zusammen. »Ich habe bereits andere Pläne«, erklärte er knapp.

Der Physiotherapeut hob einen der Deckel an. »Wieso sind es denn zwei Töpfe mit Soße?«

»Der kleinere Topf ist ohne Fleisch«, antwortete der Erste Detektiv.

»Stimmt, wir haben ja ein paar Vegetarier im Team. Sehr umsichtig.« Er grinste. »Hast du auch an Mollys Spezialkräutermischung gedacht? Die gehört auf jeden Fall hinein! Sie steht dahinten auf dem Regal. Am besten holst du sie gleich herunter, sonst vergisst du es nachher noch.«

Der Erste Detektiv schaute automatisch in die Richtung, in die Sascha zeigte. Doch seine Gedanken blieben bei dem Physiotherapeuten. Ob er etwas im Schilde führte? Aber was sollte das sein?

»Es ist die Dose im obersten Fach«, wies ihn der junge Mann an. Justus ging zögerlich auf das Regal zu und streckte sich. Etwas umständlich zog er die Dose mit den Kräutern vom Regal und ging damit zurück zum Herd.

Sascha nickte. »Sehr gut. Nimm ordentlich davon. Das gibt erst den richtigen Geschmack.«

Justus war zunehmend genervt von der Anwesenheit des Mannes.

Dieser hatte es plötzlich sehr eilig. »So, nun haben wir aber genug geplaudert. Ich habe gleich einen Patienten. Wir sehen uns zum Essen und lass ja die Soßen nicht anbrennen.« Er

zwinkerte dem Ersten Detektiv übertrieben zu, drehte sich um und verließ die Küche.
Justus starrte ihm entgeistert nach.

Beim Mittagessen berichteten Jimboy und Peter dem Ersten Detektiv und Bob ausführlich darüber, was sich beim Training zugetragen hatte. Sie vereinbarten, sich nach dem Essen zusammenzusetzen und zu besprechen, wie jetzt vorzugehen sei. Justus glaubte nicht daran, dass Carter einfach so verschwunden war.
Doch zu der Besprechung kam es nicht mehr.
Schon einige Zeit nach dem Essen bekamen mehrere der Jungen Bauchkrämpfe. Sie rannten zu den Toiletten.
Fast einen ganzen Tag lang war ein Teil des Teams außer Gefecht gesetzt. Molly benachrichtigte den Camp-Arzt. Er kam, so schnell er konnte. Man vermutete einen Magen-Darm-Virus oder eine Lebensmittelvergiftung. Doch dann entdeckte Molly ein Fläschchen Rizinusöl im Mülleimer neben dem Herd. Es hatte seine durchschlagende Wirkung bei allen Teammitgliedern entfaltet, die die vegetarische Bolognese gegessen hatten. Hierzu gehörten neben Bowen und Phil auch Jeremy und Esteban.
Molly und Tom waren entsetzt. »Das geht weit über einen Streich hinaus!«, schimpfte der Trainer. Er informierte die Eltern der Spieler. Einige wollten anreisen, um ihre Söhne abzuholen. Außerdem wurde die Polizei informiert. Ein Streifenwagen traf ein. Da nur Justus in der Küche gewesen war und auch das Essen zubereitet hatte, war er der Hauptverdächtige. Alle seine Beteuerungen und auch die von Jimboy, Peter und

Bob, dass Justus unschuldig an der Vergiftung sei, wurden ignoriert.

Molly stand fassungslos da und schüttelte immer wieder den Kopf. »Das hätte ich nie von dir gedacht, Justus! Ich habe dir vertraut und dich allein kochen lassen.«

»Aber ich war nicht als Einziger in der Küche. Sascha war auch dort«, gab der Erste Detektiv zu Protokoll.

»Das ist ja glatt gelogen, Junge!«, empörte sich der Physiotherapeut. »Doch damit kommst du nicht durch. Außerdem hatte ich gar keine Zeit, in die Küche zu gehen. Ich hatte einen Behandlungstermin. Skinny kann das bestätigen.«

Der nickte. »Ja, ich war so verspannt im Schulter-Nacken-Bereich, da hat mich Sascha behandelt.«

Der Physiotherapeut zeigte anklagend auf Justus. »Du willst wohl deine Haut retten, weil wir dir auf die Schliche gekommen sind, indem du jemand anderen beschuldigst. Vermutlich bist du auch für die übrigen Vorfälle verantwortlich.«

»Welche übrigen Vorfälle?« Der Polizist wurde hellhörig.

»Es gibt seit einiger Zeit im Trainingslager immer wieder Vorfälle, die wir bisher als Dummejungenstreiche gewertet haben. Sachbeschädigung von Ausrüstungsmaterial und Ähnliches«, erklärte Sascha kühl.

»Aber das ist doch Unsinn«, rief Peter dazwischen. »Als das passiert ist, waren wir noch gar nicht da.«

»Außerdem kenne ich den Dicken. Der hat schon einiges auf dem Kerbholz. Bricht auch gerne mal in fremde Häuser ein, Officer«, mischte sich Skinny mit einem fiesen Grinsen ein. »Wenn Sie mir nicht glauben, durchsuchen Sie ihn und seine beiden Freunde. Dann finden Sie bestimmt ein Dietrichset.«

In Skinnys Augen funkelte es. Er schien ihm große Freude zu bereiten, die drei ??? mit einer Falschaussage zu belasten.
»Skinny, wie kannst du nur …«, ereiferte sich Bob.
»Das sind ja gleich mehrere Aussagen, die gegen euch sprechen«, bemerkte ein Polizist streng.
Sein Kollege fand in Peters Jackentasche dessen Dietrichset.
»Das ist ja sehr interessant!«
»Ich wusste gleich, ihr macht nichts als Ärger«, grummelte Hank.
»Das werden wir auf dem Revier klären. Ihr kommt erst mal mit, Jungs.« Die Polizisten führten die drei ??? zu ihrem Wagen.
»Ihre Aussagen nehmen wir später zu Protokoll«, wandte sich einer von ihnen noch an Sascha, Skinny und Molly.
Die drei ??? wurden mit auf die Polizeiwache genommen. Es dauerte ewig, bis Justus – letztlich erst mithilfe von Inspektor Cotta – die Anschuldigungen gegen ihn zerstreuen konnte. Doch für den Fall war es bereits zu spät. Das Trainingscamp wurde mit nur einem Bruchteil der Teilnehmer beendet. Zwar bekamen tatsächlich zwei Spieler das begehrte Stipendium in Europa, dennoch wurde das Sommercamp als Misserfolg gewertet und sollte nicht wiederholt werden. Aber das Schlimmste war, dass die drei ??? den Fall nicht hatten aufklären können.

Kehre zurück zu Seite 128 und entscheide dich um.

Justus und Riley folgten dem Waldweg. Die auf dem Boden liegenden Kiefernadeln federten ihre Schritte weich ab und bis auf ein paar Vogelrufe war nichts zu hören. »Wir müssen die Augen und Ohren offen halten, ob wir irgendetwas Ungewöhnliches vernehmen«, sagte Justus.

»Bisher höre ich nichts. Vielleicht sollten wir mal rufen?«, schlug Riley vor. »Carter? Carter, bist du hier? Melde dich!«

Sie lauschten. Niemand antwortete.

»Sag mal, Riley, du hast vorhin gesagt, Carter ist dein schärfster Konkurrent ...«, begann Justus.

Riley blieb abrupt stehen und sah den Ersten Detektiv an. »Das stimmt, aber du glaubst doch wohl hoffentlich nicht, dass ich etwas mit der Sache zu tun habe. Ja, ich will sehr gerne auf das Internat. Es wäre eine tolle Chance. Aber erstens gibt es zwei Plätze, also warum sollte ich meinem direkten Konkurrenten etwas antun? Und außerdem, wenn ich nicht zu den zwei Glücklichen gehöre, die ausgewählt werden, dann bin ich wohl einfach noch nicht gut genug. Dann muss ich eben weiter trainieren. Das ist kein Problem für mich.«

Justus nickte und Riley fuhr nachdenklich fort: »Mein Dad würde mir allerdings die Hölle heißmachen. Ich weiß auch nicht, warum ihm das so wichtig ist. Aber na ja. Du weißt ja, wie Eltern sind.«

Justus schwieg einen Moment. Dann fragte er: »Hm ... und sonst? Was machst du, wenn du nicht zur Schule gehst oder für die große Fußballkarriere trainierst?«

»Nicht viel.«

»Hast du keine Freunde oder eine Freundin?«, erkundigte sich der Erste Detektiv.

Du bist von Seite 36 hierhergelangt.

»Doch und nein. Bisher habe ich meine restliche Freizeit mit meiner Freundin verbracht. Charly ist großartig. Sie kam auch oft zum Training und zu jedem Spiel. Sie hat mir viel Kraft gegeben.«

»Aber?«, hakte Justus nach.

»Wir haben uns getrennt. Also, eigentlich habe ich mich getrennt. Mein Dad hat ewig auf mich eingeredet, dass ich mir nicht meine Zukunft wegen eines Mädchens versauen darf. Ich solle all meine Zeit zum Trainieren nutzen und außerdem wäre ich sowieso bald in Europa. Es klang alles so vernünftig. Und jetzt …« Riley ließ die Schultern hängen. Er wirkte betrübt.

»Und jetzt vermisst du sie«, schlussfolgerte Justus.

»Ja. Vielleicht sollte ich noch einmal mit ihr reden. Ich denke heute schon die ganze Zeit darüber nach.«

»Das solltest du«, sagte der Erste Detektiv.

Ein Ruf klang durch den Wald.

»Hörst du das, Justus?«

»Ja!«

Die beiden Jungen spitzten die Ohren.

»Das kommt aus dieser Richtung.« Riley zeigte auf ein dichtes Gebüsch.

»Jemand ruft um Hilfe! Das ist bestimmt Carter! Komm, wir müssen ihm helfen.« Justus lief los.

»Carter, bist du das?«, rief Riley.

»Hier bin ich! Holt mich hier raus!«

Etwas entfernt entdeckte der Erste Detektiv am Boden eine Fallgrube, die eingestürzt war. »Wir kommen!«

»Das wird aber auch Zeit«, murrte unverkennbar die Stimme von Carter.

»Freundlich wie immer.« Justus lachte. »Schön zu sehen, dass dir nichts Schlimmes passiert ist.«
»Nein, ich konnte mich abrollen. Aber ein paar blaue Flecken und Prellungen habe ich mir wohl doch geholt. Der Boden ist verdammt hart.«
»Wie ist das passiert?«, fragte Justus.
»Könnt ihr mich nicht erst mal hier rausholen?«
Justus und Riley legten sich auf den Boden und versuchten, Carter aus der Grube zu ziehen. Doch sie reichten nicht an ihn heran.
»Ich könnte dich an den Füßen packen und zu Carter hinablassen«, schlug Riley vor.
»Das ist keine gute Idee. Wenn du dann Carter und mich zusammen rausziehen musst, wird das vermutlich zu schwer für dich und wir rutschen beide mit in die Fallgrube. Wir sollten einen langen Ast oder etwas Ähnliches suchen, mit dem wir Carter herausziehen können.«
Riley und Justus sahen sich um. Doch sie konnten nichts Brauchbares finden.
»Könnt ihr euch da oben mal beeilen?«, beschwerte sich Carter.
Da erklang eine glockenhelle Stimme: »Braucht ihr Hilfe, Jungs?«
Riley fuhr herum. »Charly!« Er umarmte das Mädchen stürmisch. »Ich habe dich so vermisst.«
Charly strahlte. »Ich dich auch!«
»Ähm, hallo? Entschuldigt mal, ihr Turteltäubchen, wie war das jetzt mit der Hilfe?«, nörgelte Carter ungeduldig aus der Fallgrube.

Charly lachte. »Geht sofort los. Ich habe immer ein Kletterseil in meinem Rucksack dabei. Man weiß nie, wozu man es braucht.«

»Du erstaunst mich immer wieder.« Riley grinste. »Was machst du hier? Warum läufst du durch den Wald?«

»Hast du keine Nachricht von mir bekommen?«, fragte das Mädchen erstaunt.

»Doch«, antwortete Riley. »Allerdings konnte ich es nicht glauben, dass sie wirklich von dir ist. Ich dachte, irgendjemand spielt mir einen bösen Streich. Trotzdem musste ich seitdem an dich denken. Und ich habe sicher nicht damit gerechnet, dich hier im Wald zu treffen.«

»Ich war auf dem Weg zum Camp, um euch heimlich beim Training zuzusehen, und habe Stimmen gehört. Da wollte ich mal nachsehen. Und was finde ich hier? Einen Meckersack in einer Falle und euch beide.«

Mit vereinten Kräften zogen sie den Jungen aus der Grube.

»Und jetzt berichte mal, Carter, wie du da unten gelandet bist«, forderte Justus.

»Ich lief beim Joggen ziemlich weit hinter den anderen und da hörte ich plötzlich wieder dieses Heulen. Allerdings war es deutlich leiser als zum Beispiel gestern Abend. Ich wollte endlich wissen, von was für einem Tier es stammt, und lief tiefer in den Wald hinein.«

»Das war durchaus unvorsichtig von dir«, bemerkte der Erste Detektiv.

»Vorsichtig ist langweilig. So bin ich halt. Wer mich kennt, weiß das.« Carter zuckte mit den Schultern. »Du bist vermutlich immer vorsichtig, oder?«

»Nun …« Justus fühlte sich ertappt, er dachte daran, in welch gefährliche Situationen er die drei ??? schon gebracht hatte. Er winkte ab. »Vergiss es. Erzähl bitte weiter.«
»Tja, als ich hier ankam, fand ich einen Funklautsprecher und ein Mobiltelefon, an einem Baum befestigt. Ich wollte mir die Sache genauer ansehen und bin näher rangelaufen – da fiel ich auch schon. Das Loch war mit Zweigen und Kiefernnadeln geschickt abgedeckt, komplett unsichtbar. Und dann saß ich da. Hab hin und wieder nach Hilfe gerufen. Und dann kamt ihr.«
»Das ist ja eine unglaubliche Geschichte«, kommentierte Riley Carters Bericht.
»Aber wahr.«
Charly schmiegte sich an ihren Freund. »Aber wer macht so etwas und warum? Wozu lässt es hier jemand heulen?«
»So langsam ergibt alles einen Sinn für mich.« Justus wiegte nachdenklich den Kopf. »Ich denke, wir sollten ins Camp zurückgehen. Man wird sich dort sicher schon Sorgen machen. Diese Klangkonstruktion nehmen wir mit. Sie ist ein wertvolles Beweisstück.«
Nachdem sie Lautsprecher und Handy vom Baum geholt hatten, traten die vier den Rückweg an.

Lies weiter auf Seite 120.

Du bist von Seite 44 oder Seite 80 hierhergelangt.

In dem Moment kam Bob mit entschlossener Miene wieder, wedelte mit dem Autoschlüssel und sagte nur: »Los, auf nach Rocky Beach.«
Die drei ??? fuhren zurück, holten die Anfahrtsbeschreibung und machten sich erneut auf den Weg zum Trainingscamp. Justus hatte den Zettel mit Jimboys Angaben in seinem Zimmer neben dem Bett gefunden, wo er beim Packen seinen Rucksack abgestellt hatte. Während Bobs Käfer nun über einen Waldweg im Kings Canyon holperte, der die Jungen zur Sportlodge führte, grübelte Justus darüber nach, warum er nicht bemerkt hatte, dass der Zettel augenscheinlich aus dem Außenfach gefallen war.
Peter saß deutlich stiller als gewöhnlich auf dem Rücksitz und auch Bob blickte stur geradeaus auf die Fahrbahn.
»Seid ihr immer noch sauer?«, erkundigte sich Justus etwas kleinlaut bei seinen Freunden.
»Nein, der ›kleine‹ Umweg hat ganz furchtbar viel Spaß gemacht«, antwortete Bob.
»Es tut mir wirklich leid. Jeder kann sich doch mal irren. Ich war mir wirklich sicher, dass –«
»Seht mal, da liegt ein riesiger Mammutbaum auf der Straße«, unterbrach Peter den Ersten Detektiv.
»Und mitten im Stamm ist eine Durchfahrt hineingeschnitten. Kollegen, wir sind auf dem richtigen Weg!« Justus strahlte.
»Hoffentlich, ich muss unbedingt meine Beine mal wieder ausstrecken.«
»Jetzt kann es nicht mehr weit sein, Zweiter.«

Es dauerte dann aber doch noch eine Weile, bevor der Weg hinab in ein Tal führte. Der Wald reichte bis an die Sportlodge heran, die aus mehreren kleineren Blockhäusern bestand, die sich um ein lang gestrecktes Gebäude im Zentrum gruppierten. Außerdem war ein sehr großes Zelt auf einer Wiese aufgebaut worden, die sich dahinter bis zum Ufer eines kleinen, tiefblauen Sees erstreckte. Auch dort standen Hütten. Peter entdeckte in einiger Entfernung zwei Bolzplätze und einen richtigen Fußballplatz. Auf einem der Bolzplätze kickten zwei Mannschaften in grünen und roten Trikots gegeneinander, auf dem Fußballplatz übten mehrere Jungs Elfmeterschießen.

Bob steuerte den Wagen durch die Zufahrt, über der ein Schild mit der Aufschrift *Kings Sportlodge* hing, und auf das große zentrale Blockhaus zu. Er hielt auf einem kleinen, sandigen Parkplatz. Hier standen lediglich ein alter Ford Pick-up und ein Jeep, Menschen waren keine zu sehen.

»Das scheint das Haupthaus zu sein«, bemerkte Justus.

Sie stiegen aus dem Wagen und Peter reckte sich ausgiebig. »Das tut gut. Auf der Rückfahrt darfst du hinten sitzen, Erster.«

Justus überhörte die Bemerkung und sah sich um. »Ich schlage vor, wir lassen unser Gepäck zunächst im Wagen und suchen Jimboy.«

»Er wird beim Training sein.« Peter deutete auf den Fußballplatz.

Die drei Jungs wandten sich gerade der Wiese zu, als ein bulliger Mann hinter einer Blockhütte hervorkam. Er trug ein kariertes Hemd und schmuddelige Jeanshosen und hielt eine Axt in der Hand.

»Hey, ihr da! Was macht ihr hier?«, rief er. Seine Stimme klang rauchig und tief.
»Guten Tag, Sir, mein Name ist Justus Jonas und das sind Peter Shaw und Bob Andrews.«
»Es interessiert mich nicht, wer ihr seid. Ich will wissen, was ihr hier zu suchen habt!«, fuhr der fremde Mann sie an.
»Das wollte ich Ihnen gerade erklären, Sir«, antwortete Justus bemüht freundlich.
»Ach ja, wolltest du?« Der Mann spuckte neben sich auf den Kiesweg.
Justus ignorierte die unhöfliche Art des Fremden. »Wir suchen meinen Cousin Jimboy. Können Sie uns sagen, wo wir ihn finden?«
»Vermutlich könnte ich es.« Gespielt nachdenklich wiegte der Mann die Axt in seiner Hand. »Aber ich tue es nicht.«
»Und warum nicht, wenn ich fragen darf?« Justus stemmte jetzt die Hände in die Hüften.
»Darfst du nicht, aber ich sage es dir trotzdem. Ihr seid hier nicht erwünscht. Das Camp ist für die nächsten Wochen vermietet und für unbefugte Personen gesperrt. Ihr müsst euch eine andere Unterkunft suchen. Ein paar Meilen die Straße zurück gibt es einen Campingplatz.«
Justus schüttelte den Kopf. »Sie irren, Sir, wir werden erwartet.«
»Unsinn! Wenn euch jemand erwarten würde, wüsste ich es. Ihr seid nicht angemeldet. Steigt in euren Schrotthaufen von Auto und verschwindet.«
»Vielleicht sollten wir mit dem Leiter des Camps sprechen«, wagte Justus erneut einen Einwand.

Der Mann kam drohend einen Schritt auf die drei ??? zu. »Ihr hört wohl schlecht.«

»Provoziere ihn nicht«, zischte Peter dem Ersten Detektiv zu. »Der Typ ist mindestens zwei Meter groß und hat eine Axt!«

»Vielleicht sollten wir uns wirklich erst einmal strategisch zurückziehen«, murmelte Justus. »Andererseits …«

»Ich bin definitiv für einen Rückzug. Wir könnten woanders unser Zelt aufschlagen und später wiederkommen«, schlug Peter leise vor. »Was meinst du, Bob?«

Der dritte Detektiv zuckte ratlos die Schultern.

Soll Justus dem fremden Mann die Stirn bieten und darauf bestehen, den Camp-Leiter zu sprechen? Lies weiter auf Seite 88. Hältst du einen Rückzug in den Wald für klug, dann lies weiter auf Seite 27.

Du bist von Seite 46 hierhergelangt.

Jimboy und Peter gingen zur anderen Spielfeldhälfte. »Hallo, Tom, darf ich dir unseren neuen Aushilfstrainer Peter vorstellen? Peter, das ist Tom Paisley. Er hat viele Jahre selber bei Manchester United gespielt, bevor er in die USA zog und Trainer wurde.«

»Echt?« Der Zweite Detektiv war beeindruckt.

»Hallo, Peter, willkommen im Team. Wenn du nur halb so viel von Fußball verstehst wie Jimboy, dann wirst du uns eine große Hilfe sein.«

»Freut mich, Sie kennenzulernen, Mr Paisley.«

»Du kannst Tom zu mir sagen. Wir sind schließlich für die restlichen zwei Wochen Kollegen.« Der Trainer lächelte sympathisch. »Welche Vorerfahrung hast du denn mit Fußball? Jimboy hat dich in den höchsten Tönen gelobt. Er meint, du bist nicht nur eine Sportskanone, sondern auch versiert, was Trainingsabläufe angeht.«

»Na ja, ich bin ganz sicher nicht so ein Fußball-Ass wie Jimboy, sondern eher vielseitig interessiert. Ich glaube, ich surfe ziemlich gut, und spiele im Schulteam Basketball, aber natürlich kenne ich auch beim Fußball die Regeln und viele allgemeine Trainingsmethoden. Allerdings habe ich noch keine Mannschaft trainiert. Ich hoffe, ich werde Sie nicht enttäuschen, Mr ... äh ... Tom.«

»Ganz sicher nicht«, warf Jimboy ein. »Tom und ich werden mit den Spielern Taktik und Spielabläufe üben. Du wirst hauptsächlich für das Kraft- und das Ausdauertraining gebraucht.«

Tom sah dem Zweiten Detektiv die Anspannung an. »Mach dir keine Sorgen, Peter. Wir besprechen vor jedem Trainings-

tag das Programm. Du wirst bestimmt schnell eine Menge lernen.«
»Okay.« Peter fiel ein Stein vom Herzen. Denn erst jetzt, wo er am Spielfeldrand stand und die Schüler beobachtete, war ihm klar, welche Verantwortung er als Trainer übernahm. Immerhin sollten zwei dieser Jungen von einem Talentscout ausgewählt werden und die Chance bekommen, ihre Fußballleidenschaft zum Beruf zu machen. Da war es wichtig, die Jungs richtig zu fördern und gleichzeitig aufzupassen, dass sich niemand verletzte. Er warf einen erneuten Blick auf das Spielfeld. In diesem Moment strauchelte ein Spieler und stürzte. Von außen hatte es nicht so ausgesehen, als wäre er gefoult worden, obwohl er in einen Zweikampf mit einem deutlich größeren Jungen verwickelt gewesen war. Der Junge blieb liegen und hielt seinen Knöchel.
»Esteban hat sich verletzt!«, rief Jimboy.
Tom pfiff und lief auf das Spielfeld. Peter und Jimboy folgten ihm. Esteban lag immer noch auf dem Rasen, als Tom ihn erreichte. Der Trainer untersuchte vorsichtig den Knöchel des Jungen. Er runzelte die Stirn und schüttelte den Kopf. »So wie es aussieht, scheint das Sprunggelenk nicht gebrochen zu sein. Vermutlich eine Bänderdehnung, im schlimmsten Fall ein Außenbandriss. Kannst du aufstehen?«
Der Junge versuchte es und stöhnte sofort schmerzvoll auf. »Nein, das tut höllisch weh.«
»Was ist passiert?«, fragte Jimboy.
»Also ich habe nichts damit zu tun«, mischte sich der große, dunkelhaarige Junge ein, der mit Esteban um den Ball gekämpft hatte.

Jimboy sah ihn an. »Das würde ich dir nur zu gern glauben, Carter, aber es wäre nicht das erste Mal, dass du einen Teamkameraden gefoult hast.«

»Hey, das ist nicht fair!«, verteidigte sich Carter. »Esteban fällt doch schon, wenn ihn nur ein Windhauch trifft.« Seine Stimme hatte einen spöttischen Klang. Er war Peter durch und durch unsympathisch.

Die anderen Spieler standen im Halbkreis um die Szenerie herum und blickten teilweise besorgt, teilweise verächtlich auf den verletzten Esteban. Peter wurde klar, dass dieses Team gar keines war. Jeder spielte hier nur für sich. Das war keine Mannschaft, das waren knallharte Konkurrenten, und jeder, der ausschied, erhöhte für die Übrigen die Chance auf den Flug nach Europa.

»Carter hat recht«, meldete sich Esteban zu Wort. »Diesmal war es nicht seine Schuld. Mein Schuh ist im vollen Lauf aufgerissen und ich bin gestolpert.«

Peter warf einen Blick auf den Fußballschuh und sah, dass sich die Sohle mit den Stollen komplett vom Schuh gelöst hatte. Sie lag auf dem Rasen. War das nur ein Materialfehler oder steckte mehr dahinter? Der Zweite Detektiv nahm sich vor, dies später mit seinen Kollegen zu besprechen.

Mittlerweile hatte sich Esteban mithilfe von Jimboy und Tom aufgerappelt.

Tom wandte sich an die Spieler: »Okay, das reicht für heute, ihr könnt duschen gehen. Morgen üben wir Angriffsmuster und Freistöße. Wir bringen Esteban zu Sascha.«

»Wer ist Sascha?«, fragte Peter.

»Unser Physiotherapeut. Er soll entscheiden, ob wir den Doc

informieren. Auf jeden Fall muss der Fuß gekühlt und hochgelagert werden«, antwortete Jimboy.
»Du kannst auch gehen, Peter«, sagte Tom. »Wir brauchen deine Hilfe hierbei nicht. Wir sehen uns beim Abendessen.«
»Und danach gibt es ein Lagerfeuer«, fügte Jimboy hinzu. »Da habt ihr die Möglichkeit, alle Spieler und Mitarbeiter richtig kennenzulernen.«
Peter blieb noch einen Moment auf dem Platz stehen und sah zu, wie die anderen sich entfernten. Dann bückte er sich und hob die abgefallene Schuhsohle auf. Die würde Justus sicherlich interessieren.

Lies weiter auf Seite 98.

Du bist von Seite 26 oder Seite 111 hierhergelangt.

Am Waldrand trafen die beiden Suchtrupps aufeinander. Peter, Bob und die Trainer waren sichtlich erleichtert, als sie Carter mit Justus und Riley aus dem Wald auftauchen sahen. Und noch eine Person war dabei.

»Wer ist das Mädchen?«, fragte Jimboy.

»Das ist meine Freundin Charly«, antwortete Riley. »Sie ist mir hierher nachgereist, um in meiner Nähe zu sein. Obwohl ich mich wie ein Idiot verhalten habe.« Er drückte sie an sich. »Und nur dank ihr haben wir es auch geschafft, Carter aus der Bärengrube zu holen, in die er gestürzt war.«

»Eine Bärengrube?«, fragte Tom Paisley entgeistert. »Ich glaube es nicht.«

»Und du wirst nicht glauben, Just, was wir im Camp herausgefunden haben!«, mischte sich nun Peter ein. »Sascha ist der Saboteur! Wir haben belauscht, wie er Rileys Vater etwas von Esteban und Bowen erzählt hat. Und dass Carter auch bald so weit wäre. Und er hat Mr Clark E-Mails mit Fotos geschickt: von den nassen Klamotten, den kaputten T-Shirts, der Schuhsohle …«

»Und einer Flasche Rizinusöl«, fügte Bob hinzu. »Warum auch immer …«

Riley wurde bleich, als er dem Bericht lauschte. Charly drückte seine Hand.

Der Erste Detektiv nickte. »So langsam wird aus den Mosaiksteinchen ein komplettes Bild. Jetzt müssen wir den Täter nur noch überführen.«

»Wo ist das Problem? Wir rufen die Polizei und lassen Sascha festnehmen«, schlug Jimboy vor.

Tom Paisley nickte. »Das sollten wir umgehend machen.«

»Nun«, warf Justus ein, »wir könnten natürlich die Polizei anrufen. Aber ich würde auch gerne Saschas Auftraggeber erwischen. Das Rizinusöl bringt mich auf eine Idee. Es ist ja in den Mails zu sehen, wie ihr gesagt habt, dazu ist aber noch keine Aktion erfolgt. Also gehe ich davon aus, dass der Täter dies als nächste Attacke plant. Vielleicht gibt uns das Gelegenheit, ihn auf frischer Tat zu überführen.«

»Ich kann das alles nicht fassen.« Tom Paisley wirkte tief erschüttert.

»Sascha hat Sie erpresst, richtig?«, fragte Bob und flüsterte Justus zu: »Das hat Skinny ausgeplaudert.«

»Ja«, antwortete der Trainer geknickt. »Ich habe einmal eine Dummheit begangen. Spielmanipulation. War keine Glanztat, ich weiß, bin auch gleich nach der einen Nummer wieder ausgestiegen. Dieser Schuft hat die Sache aber irgendwo ausgegraben und von mir verlangt, dass ich hier im Camp Eingriffe in die Spielgestaltung und das Training vornehme, damit einige Spieler nicht gut dastehen. Aber ich lasse mich nicht erpressen. Wenn mein Vergehen von damals öffentlich wird, gut, dann muss ich mich dem stellen. Aber bei den Jungs hier soll alles mit rechten Dingen ablaufen.«

»Ich verstehe, deshalb haben Sie gestern Nacht das Büro nach Beweisen untersucht. Sie glaubten, Sascha hätte dort etwas versteckt, was Sie erpressbar macht«, kombinierte Peter.

»Woher wisst ihr, dass ich letzte Nacht das Büro durchsucht habe?«

»Wir haben Sie zufällig beobachtet«, erklärte Justus leichthin. »Aber das spielt jetzt keine Rolle mehr. Wir müssen einen gefährlichen Saboteur und seinen Auftraggeber überführen.«

Er wandte sich wieder an die Runde. »Zunächst versuchen wir, getrennt so unauffällig wie möglich zurück ins Camp zu kommen. Sascha darf keinen Verdacht schöpfen. Charly, Riley und Carter, ihr haltet euch zunächst versteckt. Bleibt am besten erst einmal in unserem Zelt dort hinten am Waldrand. Bob kann euch begleiten. Und dann ist da noch etwas – Charly, hast du ein Handy dabei?«

»Klar, der Empfang ist hier zwar nur mäßig, aber es geht.« Sie zog ihr Mobiltelefon aus der Tasche.

»Klasse. Riley, das ist jetzt etwas unangenehm, aber würdest du deine Eltern, insbesondere deinen Vater bitten, hierherzukommen? Erzähl ihnen, dass du hinschmeißen willst oder etwas Ähnliches, das sie veranlasst, sofort herzukommen.«

Riley nickte. »Ich verstehe. Ich möchte nur, dass die Wahrheit ans Licht kommt. Sollte mein Vater wirklich für die Zwischenfälle im Camp verantwortlich sein, muss er belangt werden. Ich träume zwar davon, eine Fußballkarriere zu starten, aber nicht mit unfairen Mitteln, ich will durch mein Können überzeugen.«

»Für mich bist du schon heute ein Weltklassespieler. Weltklasse im Fair Play.« Charly strahlte Riley an.

»Gut, wie schnell könnte dein Vater hier sein, was meinst du?«

Riley grinste. »Mein Dad hat einen Helikopter. Das geht in null Komma nichts.«

»Perfekt, bestell ihn zum Haupthaus.« Justus rieb sich die Hände. »Mr Paisley, würden Sie die Polizei anrufen? Die Beamten sollen in Zivil ebenfalls zum Haupthaus kommen und ihren Wagen im Wald parken.«

»Geht klar, Junge.« Der Trainer nickte.

»Und vielleicht könnten Sie Hank bitten, die Hintertür zur Küche im Auge zu behalten, falls dort jemand versucht zu verschwinden. Aber unauffällig, aus der Deckung heraus.«

»Das sollte ebenfalls kein Problem sein.«

»Wo sind die Spieler?«, wandte sich Justus an Jimboy.

»Auf dem Platz, vermute ich. Wir haben einen kleineren Laufparcours aufgebaut, wo sie inzwischen einige Ballübungen durchführen sollten.«

»Dann geht ihr beide, Jimboy und Peter, zum Fußballplatz zurück. Alles soll so normal wie möglich aussehen. Wir treffen uns in einer Stunde im Haupthaus. Ihr setzt euch dort unbemerkt in den Aufenthaltsraum und seid ganz still, damit Sascha keinen Verdacht schöpft, wenn er die Küche betritt. Peter, Bob und ich werden uns ein Versteck im Speisesaal suchen.«

»Und was machst du bis dahin, Just?«, fragte Peter.

»Ich? Ich werde das Mittagessen kochen.« Der Erste Detektiv grinste.

Lies weiter auf Seite 136.

Du bist von Seite 97 hierhergelangt.

Justus schleppte Kannen mit Tee und Kakao aus der Küche zum Frühstücksbuffet im Speisesaal, während Bob das Geschirr verteilte. Die zwei Esstische im Haupthaus waren lange Tafeln, deren Tischplatten jeweils aus einem einzigen Baumstamm gefertigt waren. Die dunklen Blockbohlen, aus denen auch hier die Wände der Hütte bestanden, verliehen dem Raum eine rustikale Atmosphäre. Neben der Eingangstür hingen Poster mit Informationen zum Park und zur heimischen Tier- und Pflanzenwelt.

Die beiden Detektive waren mit den Frühstücksvorbereitungen gerade fertig, als die ersten Spieler frisch geduscht hereinkamen.

»Prima, Jungs, ihr wart mir eine große Hilfe«, rief Molly aus der Küche. »Wenn ihr bitte noch kurz den Obstkorb und die frischen Pancakes, die ich gebacken habe, auf das Buffet stellt, dann könnt ihr auch frühstücken gehen. Den Rest schaffe ich allein.«

»Okay, Molly«, antwortete Justus.

In dem Moment kam Peter in Trainingshose in den Frühstücksraum und steuerte auf Bob und Justus zu.

»Mhm, das riecht gut.« Der Zweite Detektiv schnupperte. »Ich habe Hunger wie ein Bär.«

»Ein Schwarzbär?«, neckte Bob seinen Freund. Der musste lachen.

Die drei ??? füllten sich ihre Teller am Buffet und setzten sich ans Ende der Tafel.

»Das Frühstück ist wirklich reichhaltig«, schwärmte Bob.

»Und lecker.« Peter grinste mit vollem Mund.

Jimboy kam ebenfalls herein und setzte sich zu den drei ???.

»Guten Morgen. Ich habe schon gehört, was passiert ist. Peter hat mir kurz davon berichtet. Was glaubt ihr, was das war?«

»Hallo«, grüßte ihn Bob. »Wo warst du denn letzte Nacht eigentlich? Hast du den Schrei gar nicht gehört?«

Jimboy griff nach einer Scheibe Brot. »Nein. Ich schlafe immer mit Ohrstöpseln.«

»Wir glauben, dass jemand aus dem Camp das Monster spielt. Vermutlich dieselbe Person, die auch für die Sachbeschädigungen verantwortlich ist. Vor dem Zwischenfall haben wir uns im Lager umgesehen«, informierte Justus seinen Cousin leise.

»Und habt ihr etwas herausgefunden?«

»Bis jetzt nichts wirklich Greifbares«, räumte Justus ein. »Aber ich habe eine Frage an dich. Wir haben Tom Paisley beobachtet, wie er im Büro des Camps etwas gesucht hat. Er schien sehr aufgebracht zu sein. Könntest du dir vorstellen, was es war?«

Jimboy schüttelte den Kopf. »Leider nicht.«

In diesem Moment stand der Trainer auf und verkündete: »Wir treffen uns nach dem Frühstück direkt im Aufenthaltsraum, um den heutigen Trainingsplan zu besprechen. Bleibt also bitte im Haupthaus und verschwindet nicht irgendwohin. Morgen steht das nächste Trainingsspiel an. Ich werde euch bei der Besprechung gleich auch sagen, wer an welcher Position spielt. Das haben wir aufgrund eurer bisher gezeigten Leistung entschieden. Falls ihr andere Wünsche habt, reden wir darüber. Im Hinblick auf das entscheidende Abschlussspiel habt ihr in den folgenden Tagen noch genug Zeit, uns mit entsprechendem Einsatz und Können von euren Vorstellungen zu überzeugen. Auf endlose Diskussionen werde ich mich allerdings nicht einlassen. Wir versuchen, die optimale Auswahl zu treffen, damit jeder seine Fähigkeiten so gut wie möglich darstellen kann. Der Talentscout wird sich natürlich nicht nur das Spiel ansehen, sondern auch dem Training am vorletzten Tag beiwohnen. Ich persönlich wünsche mir vor allem Fair Play von euch, auch weil auf vielfachen Wunsch eure Eltern dabei sein werden.«

»Auf wessen Wunsch?«, rief ein Junge mit roten Haaren.

»Auf den eurer Eltern«, antwortete der Trainer trocken.

»Na toll!«

Einige Jungs lachten.

Nach dem Frühstück halfen Justus und Bob beim Abräumen, während Peter mit Jimboy zur Trainingsbesprechung ging. Bob machte sich wenig später auf den Weg, um Hank bei ein paar Reparaturen zu helfen.

Nachdem Justus noch die Tische abgewischt hatte, schlenderte er ebenfalls zum Aufenthaltsraum. Er lehnte sich in den offenen Türrahmen und warf einen Blick auf die Wand, an der einige ausgestopfte Vögel und zwei alte Bärenfelle hingen. Eines der Felle hing schief und Justus bemerkte, dass die Holzbohlen dahinter heller waren als beim Rest der Wand. Die Felle mussten schon sehr lange dort hängen. Der Erste Detektiv überlegte, ob jemand das Fell kürzlich ausgeliehen hatte und es beim Zurückhängen verrutscht war oder ob dies zufällig passiert war. Dann hörte er dabei zu, wie Tom die Aufstellung für das Testspiel durchging.

»Phil?«, rief der Trainer.

»Ja, hier!«

»Mannschaft 1, Position: Innenverteidiger.«
»Och nö«, maulte der Junge.
Doch Tom ging nicht darauf ein. »Riley? Mannschaft 2. Du spielst im offensiven Mittelfeld.«
Riley nickte. »Okay, Trainer.«
»Und zu guter Letzt: Carter. Du bist in Mannschaft 2 als Stürmer aufgestellt.«
Als er keine Reaktion bekam, sah Tom von seinen Notizen auf. »Carter?«
»Er ist nicht da, Trainer«, rief Phil.
Tom Paisley stemmte die Hände in die Hüften. »Ich habe extra gesagt, dass wir uns direkt nach dem Frühstück hier treffen. Immer das Gleiche mit ihm.«
»Carter war auch nicht beim Frühstück«, warf Riley ein.
Der Trainer blickte irritiert in die Runde. »Aber er war zum Trainingslauf mit im Wald. Ich habe ihn losziehen sehen. Wer ist mit ihm zusammen gelaufen?«
Die Jungen sahen sich gegenseitig an.
»Carter joggt immer allein. Er hat uns sehr deutlich gemacht, dass er keinen Wert auf einen Laufpartner legt«, erklärte Bowen. Obwohl er nach der letzten Nacht immer noch abreisen wollte, war er am Morgen mitgelaufen und nahm, wohl vor allem aus Neugier, auch an der Besprechung teil.
Der Trainer schüttelte enttäuscht den Kopf. Es war ihm anzumerken, dass auch ihm der schlechte Zusammenhalt im Team zu schaffen machte. »Jimboy, Peter! Habt ihr Carter gesehen?«
»Nur zu Beginn«, gab Jimboy zu. »Er sondert sich immer ab. Aber das war bisher nie ein Problem.«

Tom rieb sich die Nasenwurzel. »Also gut, wer hat ihn nach dem Joggen noch gesehen?«

Bowen meldete sich. »Ich bin mir ziemlich sicher, dass er als einer der Letzten zum Duschen kam.«

Der Trainer nickte. »Dann wird er sich irgendwo im Camp herumtreiben. Vermutlich ist er noch im Mannschaftszelt. Wer ihn sieht, sagt ihm bitte, dass ich ihn sprechen will. Ihr anderen zieht euch jetzt um und seid in zehn Minuten auf dem Platz.«

Peter warf Justus einen vielsagenden Blick zu und ging zu ihm. »Was meinst du: Ob Carter wirklich nur das Frühstück versäumt hat?«

Der Erste Detektiv überlegte. »Ich bin mir nicht sicher. Vielleicht sollten wir ihn suchen gehen. Er könnte sich auch verletzt haben und im Wald liegen.«

»Das glaube ich nicht. Du hast doch gehört, dass Bowen ihn beim Duschen gesehen hat. Vermutlich will er nur wieder Stunk machen. Ehrlich gesagt, trau ich ihm nicht, und vermutlich lacht er uns aus, wenn wir ihn finden«, wandte Peter ein. »Außerdem muss ich zum Training. Vielleicht kommt er ja gleich zum Platz. Und wenn nicht, können wir ihn nachher immer noch suchen gehen.«

Was meinst du? Sollen die drei ??? nach Carter suchen? Dann lies weiter auf Seite 31. Oder sollen sie erst mal abwarten? Dann lies weiter auf Seite 52.

Du bist von Seite 51 hierhergelangt.

»Okay, Bob, lasst uns versuchen, den Eindringling noch zu erwischen«, stimmte Justus zu.
Die drei ??? beeilten sich, die Blockhütte wieder zu verlassen. Draußen blieben sie einen Augenblick stehen. Es war deutlich dunkler als vorher.
Justus kniff die Augen zusammen und spähte in die Finsternis. »Ärgerlich, dass sich ausgerechnet jetzt eine Wolke vor den Mond schiebt.«
»Weit und breit ist niemand mehr zu entdecken.« Peter sah sich um.
»Doch, dahinten läuft jemand! Eine Gestalt mit einer Basecap.« Bob zeigte auf die sandige Straße, die vom Camp in den Wald hineinführte. »Scheint ziemlich klein zu sein.«
»Na, dann los, Zweiter«, rief Justus.
»Wie, los?«
»Willst du dir den Typen nicht schnappen?«
»Nein, das will ich nicht.« Peter verschränkte die Arme. »Der Typ läuft nämlich geradewegs in den Wald hinein, wo sich auch das Waldmonster herumtreibt.«
»Aber das hatten wir doch schon. Es gibt keine Monster!«
»Dann schnapp du ihn dir doch, Just«, fuhr Peter den Ersten Detektiv an.
»Sagt mal, Leute, wollt ihr jetzt eine Grundsatzdiskussion anfangen? Wir schnappen ihn uns einfach gemeinsam.« Damit spurtete Bob los. Justus und Peter rannten hinterher. Der Zweite Detektiv holte seinen Freund schnell ein, überholte ihn und erreichte den Flüchtenden als Erster. Der hatte offenbar gar nicht bemerkt, dass er verfolgt worden war.
»Hey, warte mal.« Peter packte die Gestalt am Ärmel. Sie

zuckte zusammen, wehrte sich dann heftig und versuchte, nach dem Zweiten Detektiv zu schlagen.
»Lass das!« Peter griff nach den Armen der zierlichen Gestalt. Im Handgemenge rutschte ihr die Basecap vom Kopf. Lange blonde Haare fielen über ihre Schultern.
Peter sah ihr ins Gesicht. »Moment mal, du bist ... ein Mädchen«, sagte er perplex.
»Du merkst auch alles, Schlaumeier.«
Justus und Bob erreichten die beiden.
Der Erste Detektiv atmete schwer. »Alle Achtung, Zweiter, das war ein hervorragender Sprint.«
»Das ist ja gar kein Einbrecher, sondern eine Einbrecherin«, sagte Bob grinsend.
Die Blonde verdrehte die Augen. »Noch so ein Blitzmerker.«
»Wer bist du?«, fragte Peter.
»Das geht euch gar nichts an«, zischte das Mädchen.
»Uns vielleicht nicht, aber den Campleiter, zu dem wir dich jetzt bringen werden, denn du hast dir unerlaubt Zutritt zur Kleiderkammer des Teams verschafft«, erklärte Justus leichthin.
»Ihr spinnt ja! Ich habe mir nirgendwo Zutritt verschafft. Ich habe lediglich jemanden getroffen.«
»Deinen Freund?«, vermutete Peter.
»So ähnlich«, antwortete das Mädchen ausweichend.
»Wenn du uns nicht mehr verrätst, müssen wir dich wohl doch zum Campleiter bringen«, bluffte Peter.
»Spielt euch bloß nicht so auf, sonst sage ich gar nichts mehr!«
»Verrate uns doch wenigstens deinen Namen«, lenkte Bob sanft ein.

Das Mädchen seufzte. »Also gut, ich bin Charlene, aber alle nennen mich Charly.«

»Nett, dich kennenzulernen. Ich bin Bob, das ist Justus und der, der dich festhält, ist Peter. Wir arbeiten im Camp.«

Charlene nickte. »Das dachte ich mir schon.«

»Hey, Charly, wenn ich dich jetzt loslasse, läufst du nicht weg, okay?«

Sie lachte. »Ich hätte sowieso keine Chance gegen dich. Du bist fast so schnell wie mein Freund.«

»Also, wenn ich deine Äußerungen richtig deute, hast du einen Freund hier im Camp. Getroffen hast du aber eine andere Person«, kombinierte Justus.

»Nicht ganz«, gab Charly zu. Sie senkte verlegen den Blick. »Riley ist eigentlich mein Ex-Freund. Er hat vor zwei Monaten mit mir Schluss gemacht. Ich zelte ein paar Meilen entfernt auf einem kleinen Campingplatz, aber ich komme immer mit dem Mountainbike hierher. Manchmal beobachte ich vom Wald aus das Training mit einem Fernglas.«

Peter klappte beinahe der Mund auf. »Du stalkst ihn?«

»Nein, nein! Es ist nicht so, wie ihr denkt«, beeilte sich Charly zu versichern. »Wir waren glücklich zusammen. Und er vermisst mich genauso, wie ich ihn vermisse. Das weiß ich. Ich möchte einfach in seiner Nähe sein. Ganz besonders, weil hier irgendetwas nicht stimmt. Ich mache mir Sorgen um Riley.«

Bob legte fragend den Kopf schief. »Aber wenn dich Riley so gern mag, wie du sagst, warum hat er dann Schluss gemacht?«

Charly warf Bob einen störrischen Blick zu. »Das war doch nicht seine Idee. Er hat es wegen seiner Eltern getan. Sie sind versessen darauf, dass er eine Karriere als Fußballprofi macht.

Dafür soll er auf dieses dumme Sportinternat. Sie glauben, ich würde ihn ablenken. Deshalb hat Riley sich von mir getrennt. Er hat sich dem Willen seiner Eltern gebeugt. Aber ich gebe ihn nicht auf.« Charly seufzte. »Seine Eltern sind wirklich ätzend. Sie haben mir sogar mit einem richterlichen Beschluss gedroht, wenn ich mich ihm weiterhin nähere. Könnt ihr euch das vorstellen?«

»Also, das klingt für mich jetzt doch wieder nach Stalking«, warf Peter ein.

»Nein, so ist es wirklich nicht. Das müsst ihr mir glauben!«

Die drei ??? wechselten einen vielsagenden Blick.

Charly funkelte die Jungen an. »Dann glaubt mir eben nicht. Aber ich sage die Wahrheit.«

»Und wen hast du getroffen?«, hakte Bob nach.

»Das darf ich euch nicht sagen. Ich habe versprochen, es niemandem zu verraten, und außerdem muss ich jetzt gehen.« Charly wandte sich um.

»Nicht so schnell ...« Peter griff erneut nach ihrem Arm.

»Hey, ihr dürft mich hier nicht festhalten!«

»Das werden wir auch nicht, aber mich würde noch interessieren, warum du glaubst, dass hier etwas nicht stimmt. Hast du etwas beobachtet?«, erkundigte sich Justus.

»Ich weiß nicht. Vermutlich ist es nur so ein Gefühl, aber ich habe ein Gespräch von zwei seiner Teamkameraden belauscht, als sie morgens durch den Wald gejoggt sind. Sie sprachen davon, dass jemand ihre Trikots zerschnitten hat. Das fand ich schon merkwürdig. Und als ich einmal nachts herkam, habe ich eine riesige zottige Gestalt gesehen, die um das Mannschaftszelt herumschlich.«

»Eine zottige Gestalt?«, fragte Peter nach.
Charly nickte. »Die war total unheimlich.«
»Vielleicht solltest du in der Nacht nicht mehr hierherkommen«, schlug Bob vor. »Es könnte gefährlich sein.«
»Meinst du?« Charly war unsicher.
Justus nickte. »Bob hat recht. Wir versuchen zurzeit, herauszufinden, wer sich nachts hier herumtreibt und wer die Sabotagen begangen hat. Es wäre vermutlich nicht gut, wenn du dem Täter in die Arme läufst.«
»Gut«, willigte Charly ein. »Aber ich komme tagsüber her und werde mir auch das Abschlussspiel ansehen.«
Peter wunderte sich. »Meinst du, die lassen dich zugucken?«
»Mit dem Fernglas natürlich, du Dummerchen.« Charly grinste frech. »Ich muss schließlich dabei sein, wenn Riley von dem Talentscout entdeckt wird.«
»Das steht doch noch gar nicht fest«, warf Bob ein.
»Doch, weil er der Beste ist. Sie werden ihn auswählen.«
»Aber dann geht er für mehrere Jahre nach Europa«, gab Peter zu bedenken.
»Ja, ich weiß.« Für einen kurzen Moment sah Charly betrübt aus. »Aber wenn es das ist, was er will, dann bin ich ebenfalls glücklich. Und jetzt muss ich zu meinem Fahrrad. Es ist schon spät und ich habe noch einen langen Weg vor mir.«
»Du fährst mutterseelenallein durch den Wald? Mitten in der Nacht?« Der Zweite Detektiv wollte es gar nicht glauben.
»Um Riley nah zu sein, würde ich sogar zur Geisterstunde über einen Friedhof laufen. Macht's gut, ihr drei.« Sie winkte den Jungs zu, setzte ihre Basecap wieder auf und lief den Waldweg entlang.

Peter staunte. »Na, die hat ja Nerven.«
»Da könnte sich manch einer eine Scheibe von abschneiden«, flachste Bob.
»Allerdings sollten wir Charly mit einem Fragezeichen versehen«, meinte Justus. »Sie könnte ebenso die Saboteurin sein. Sie hat uns nicht verraten, wen sie hier getroffen hat und warum. Das ist schon verdächtig. Und mit ihrem Hinweis auf einen Unbekannten könnte sie uns auf eine falsche Fährte locken wollen.«
»Ein Unbekannter? Für mich hörte es sich so an, als hätte sie das Waldmonster gesehen«, warf Peter ein.
»Nur weil sie etwas Zottiges gesehen hat, muss das noch lange kein Monster gewesen sein. Jemand könnte sich verkleidet haben. Oder mit einer Felljacke herumgelaufen sein.«
»Im Sommer?« Peter war nicht überzeugt.
»Wie dem auch sei. Es gibt zwei Möglichkeiten: Entweder sagt Charly die Wahrheit, dann haben wir immer noch nicht geklärt, wer am Spind war. Oder Charly könnte tatsächlich etwas mit dem Fall zu tun haben. Ein Motiv hätte sie. Wenn Riley ausgewählt wird, fliegt er nach Europa und sie wird ihn vermutlich nie wiedersehen. Sollte das Trainingslager aber aufgrund der Vorkommnisse vorzeitig abgebrochen werden, würde ihr Ex-Freund zumindest vorerst in den USA bleiben«, schlussfolgerte Justus.
»Allerdings würde es dann ausreichen, wenn sie nur ihn an der Teilnahme des Camps hindern würde. Dazu müsste sie doch nicht die anderen Spieler vergraulen«, bemerkte Bob treffend.
»Glaubst du die Geschichte mit seinen Eltern, Just?«, fragte Peter.

»Das sollten wir herausfinden. Vielleicht könntest du Riley morgen beim Training mal unauffällig aushorchen, Zweiter.«

»Morgen ist gut. Du meinst wohl heute. Es ist bereits weit nach Mitternacht. Wollen wir uns nicht auch langsam ins Zelt zurückziehen? Ich bin mittlerweile wirklich hundemüde.«

»Meinetwegen, dann sehen wir uns das Büro morgen Nacht an«, stimmte der Erste Detektiv zu.

Die drei ??? liefen am Waldrand entlang zurück, als Bob Justus am Ärmel zog. »Seht ihr, was ich sehe. Da schleicht jemand zwischen den Blockhäusern umher.«

»Ja. Schnell hinter die Bäume. Man darf uns nicht bemerken.«

Die drei ??? gingen in Deckung und beobachteten die dunkle Gestalt.

»Meinst du, er hat uns gesehen, Just?«

»Ich glaube nicht, Bob. Er läuft in die andere Richtung. Jedenfalls würde ich von der Größe erst einmal darauf schließen, dass die Person dort ein Mann ist.«

»Hier ist ja mehr Betrieb als auf dem Los Angeles Airport«, schnaubte Peter. »Vielleicht ist es Hank. Zumindest war es keine zottige Gestalt.«

»Wir werden es nur herausfinden, wenn wir ihm folgen«, antwortete Justus.

»Ich habe es geahnt.« Der Zweite Detektiv verdrehte die Augen.

»Schlafen kannst du heute Nacht vergessen.« Bob grinste.

Lies weiter auf Seite 93.

Du bist von Seite 123 hierhergelangt.

Eine knappe Stunde später köchelten in der Küche auf kleiner Flamme einsam zwei Töpfe mit Bolognesesoße auf dem Herd. Die Durchgangstür zum Speisesaal war nur angelehnt.

Plötzlich wurde die Hintertür zur Küche geöffnet. Jemand rief: »Hallo? Ist hier wer?«

Niemand antwortete, woraufhin sich vorsichtige Schritte auf den Herd zubewegten.

Der Erste Detektiv verharrte noch einen Moment hinter der Durchgangstür und spähte durch den Türschlitz, bis er sah, wie Sascha ein Fläschchen aus seiner Jackentasche holte. Der Physiotherapeut öffnete es und hielt es über den Kochtopf. In diesem Moment stürzte Justus in die Küche und machte mit dem Handy ein Foto. Peter und Bob folgten unmittelbar darauf.

»Hallo, Sascha, wollten Sie die Bolognese etwas nachwürzen?«, fragte der Erste Detektiv.

Der Mann blinzelte verwundert und erkannte die drei ???. Hektisch wandte er sich um und wollte zur Hintertür stürmen, doch dort tauchte im selben Augenblick Hank Williams auf und versperrte ihm den Weg. »Du bleibst schön hier, mein Freund.«

Auch Jimboy, Tom Paisley und zwei Polizisten betraten nun die Küche.

»Was hat das alles zu bedeuten?«, verlangte der Physiotherapeut zu wissen.

»Sie werden es erfahren, aber geben Sie doch bitte zuerst dem Officer das Fläschchen, aus welchem Sie grade etwas in die vegetarische Bolognese gießen wollten.« Justus zeigte auf die Flasche, die Sascha noch immer in der Hand hielt.

»Gar nichts wollte ich in die Soße gießen. Das ist meine Medizin. Ich habe nur einen Löffel gesucht.«

»Das glaube ich Ihnen nicht und die Polizei glaubt Ihnen auch nicht«, erwiderte Justus. »Außerdem halte ich in meinen Händen den Beweis, dass Sie das Fläschchen gerade in den Topf entleeren wollten.« Er hielt sein Handy hoch.

Einer der Polizisten ging auf den Therapeuten zu und nahm ihm das Fläschchen aus der Hand. »Folgen Sie uns bitte in den Aufenthaltsraum.«

Dort saßen alle weiteren Betroffenen an einem der langen Tische: Riley mit Charly an seiner Seite, Jeremy, Skinny, den Bob dazugeholt hatte, Carter, Esteban, Phil, Bowen und Molly, die inzwischen vom Einkaufen aus der Stadt zurück war.

Sascha starrte die Anwesenden an. Der Schock über seine Ergreifung stand ihm ins Gesicht geschrieben. »Aber das ist alles ein großes Missverständnis«, startete er einen Erklärungsversuch.

In diesem Moment wurde die Tür aufgerissen und ein hochgewachsener sportlicher Mann kam mit energischen Schritten durch den Speisesaal zu ihnen. Direkt hinter ihm eine Frau in Stöckelschuhen und elegantem Kostüm. »Riley! Du willst das Camp verlassen? Warum? Was ist hier los?«

»Ah, Mr und Mrs Clark. Sie kommen wie aufs Stichwort. Bitte nehmen Sie doch Platz.« Justus machte eine einladende Geste.

»Nein danke. Ich bitte um umgehende Aufklärung.«

Rileys Mutter entfuhr ein kurzer Schrei, als sie Charly neben ihrem Sohn entdeckte. »Was hat dieses Mädchen hier verloren?«

»Charly ist meine Freundin und gehört an meine Seite. Daran könnt ihr nichts ändern. Weder jetzt noch in Zukunft. Bitte setzt euch und hört euch an, was Justus zu erzählen hat.«
Mrs Clark, die solch einen Ton anscheinend von Riley nicht gewöhnt war, nahm gehorsam auf dem nächstbesten Stuhl Platz, während sein Vater sich weiter empörte. »Ich dulde diesen Tonfall nicht, junger Mann.«
»Sir, wenn Sie bitte Platz nehmen wollen«, forderte ihn ein Polizist auf.
Man sah Mr Clark an, dass er überlegte, dem Beamten eine gepfefferte Antwort zu geben, er entschied sich dann aber dagegen und setzte sich ebenfalls.
Die drei Detektive stellten sich an der Stirn des Tisches auf und Justus begann zu erklären. »Mein Cousin Jimboy hat uns beauftragt, in diesem Trainingscamp einige Fälle von Sabotage zu untersuchen, die zunächst wie harmlose Streiche aussahen. Aber harmlos waren die Streiche ganz und gar nicht, denn wie wir inzwischen wissen, stand eine sehr ernste Absicht dahinter. Dabei hatten wir zunächst die falschen Überlegungen angestellt. Wir fragten uns nämlich, wer ein Interesse daran hätte, dass das Fußballcamp vorzeitig abgebrochen und das Projekt ein Reinfall wird. Aber darum ging es dem Täter gar nicht.«
»Sondern?«, wollte Molly wissen.
»Wir hätten uns lieber fragen sollen, wer eigentlich die Opfer der Streiche waren.«
»Na, das Team«, antwortete Esteban.
»Ja, genau. Und wer dort insbesondere?«
»Die Spieler«, rief Jimboy.

»Richtig, aber nicht alle Spieler. Es war eine bestimmte Gruppe von Spielern, die man sozusagen *foulte*. Estebans Klamotten wurden im See versenkt. Später wurde sein Fußballschuh manipuliert. Wir konnten zwar die Reste des Schuhs nicht mehr sichern, um sie zu untersuchen, aber eindeutige Fotos in einer von Sascha verfassten Mail sind vermutlich Beweis genug.«
Peter schnaubte ärgerlich. »Dieser Sturz hätte böse enden und für Esteban vielleicht sogar das Karriereaus bedeuten können, noch bevor seine Laufbahn als Fußballer so richtig begonnen hat.«
»Durchaus, Zweiter. Der Täter hat wissentlich den Schaden eines Spielers in Kauf genommen, um seine Ziele durchzusetzen. Das ist nicht tolerierbar. Des Weiteren wurden Bowens und Carters Trikots zerschnitten. Vor allem Bowen wurde zudem durch ein vermeintliches Waldmonster zu Tode geängstigt. Ich habe mir die Lautsprecherkonstruktion einmal angesehen, die wir im Wald bei der Bärenfalle gefunden haben. Sie haben einen Solar-Lautsprecher über Bluetooth oder WLAN mit einem Handy gekoppelt und beides an einen Baum gehängt. Der Lautsprecher hat dann die Töne des Handys verstärkt nach außen übertragen.«
»Aber wie hat er es aus der Ferne geschafft, die Töne auf dem Handy ein- und auszuschalten?«, fragte Bowen. »Die liefen ja nicht ununterbrochen.«
Der Physiotherapeut schwieg.
»Wollen Sie es nicht erklären?« Justus grinste. »Nun, dann übernehme ich es. Es war der Klingelton. Er hat einfach das Handy angerufen und klingeln lassen. Und schon wurde der Monstersound gespielt. Da der Empfang hier im Camp und im

Wald nicht optimal ist, hat es wohl nicht so oft geklappt, wie Sie gehofft haben. Also musste auf das Geheule noch eins draufgesetzt werden. Mit einem alten Bärenfell bekleidet machten Sie des Nachts das Camp unsicher. Ich nehme an, Sie haben sich eines der Felle aus dem Aufenthaltsraum ausgeliehen. Doch auch das reichte noch nicht, um Bowen zu vertreiben. So sind Sie sogar so weit gegangen, sein Zelt zu zerfetzen. Schließlich zeigten die Aktionen erste Erfolge: Esteban und Bowen planten ihre Abreise. Carter wollte seinen Traum aber trotz der ganzen Ereignisse nicht aufgeben und blieb, also musste er anderweitig außer Gefecht gesetzt werden. Der Täter kannte Carters draufgängerische Art und so ging ihm der Spieler – buchstäblich – in die Falle: Er wurde in eine Bärenfalle gelockt, aus der er sich aus eigener Kraft nicht befreien konnte.«

Bob sah seinen Freund an. »Gleichzeitig bekam Carter noch den nächsten ›Streich‹ in die Schuhe geschoben, bei dem Capsaicin-Salbe auf Phils und Jeremys Stutzen aufgetragen wurde. Eine gefälschte Nachricht sollte dazu alle von Carters Schuld überzeugen und eine zu schnelle Suche nach ihm verhindern.«

»Na toll!«, schnaubte Carter.

Justus fuhr fort: »Capsaicin-Salbe reizt die Haut extrem stark, aber Phil und Jeremy ließen sich nicht beirren und trainierten weiter. Deshalb nun das Rizinusöl: Phil und Jeremy sind Vegetarier und würden somit von der für sie angefertigten Nudelsoße essen und schlimmen Durchfall bekommen.«

»Das sind ja ungeheuerliche Anschuldigungen!«, gab sich Rileys Mutter entsetzt. »Was geht in diesem Camp nur vor?«

»Beruhigen Sie sich, Mrs Clark. Zu Ihnen komme ich gleich noch.«
»Wollen Sie sich nicht äußern, Sascha?«, fragte Molly den Therapeuten. »Warum haben Sie das getan?«
Sascha blickte sie ausdruckslos an. »Ich habe doch nur einen Auftrag ausgeführt.«
»Das mag sein, aber Ihr Vorgehen war eindeutig kriminell. Und dafür werden Sie vermutlich einige Zeit ins Gefängnis wandern«, wagte Bob eine düstere Zukunftsprognose.
»Aber warum ausgerechnet diese Spieler?«, wollte Hank wissen.
Justus nahm den Faden wieder auf. »Eine gute Frage. Esteban, Phil, Carter, Bowen, Jeremy und Riley waren nach der ersten Woche schon die eindeutigen Favoriten im Team. Sie konkurrierten um die ausgeschriebenen Stipendienplätze in England. Saschas Auftraggeber wollte aber auf jeden Fall sichergehen, dass sein Sohn eine internationale Karriere machen kann. Er ist versessen darauf und hat das nötige Geld, alles in seinem Sinne zu arrangieren. Niemand sollte dem Erfolg seines Sohnes im Weg stehen. Nachdem er schon vor dem Camp die unerwünschte Freundin losgeworden war, stand es nun an, so viele Spieler wie möglich aus der Auswahl zu kicken. Vor allem die, die eine direkte Konkurrenz zu Riley darstellten.«
Alle Köpfe drehten sich zu Mr Clark.
Auch Riley sah seinen Vater an. »Dad? Ist das wirklich wahr? Steckst du hinter allem?«
»Was der Dicke da erzählt, kann doch keiner ernst nehmen. Ich höre mir das nicht länger an. Komm, Claire, wir fliegen!« Mrs Clark stand auf.

»Nein, Sie werden hierbleiben und Rede und Antwort stehen«, wies der Polizist Mr Clark an.
»Mir wird keiner was nachweisen«, schimpfte Rileys Vater.
Justus sah ihn an. »Doch. Bob und Peter entdeckten E-Mails von Sascha an Sie, die die Sabotageaktionen eindeutig belegen. Ausgerechnet unser alter, äh, Bekannter Skinny Norris gab uns außerdem noch einen Hinweis, dass eine Erpressung stattfand. Ebenso wie die E-Mails wird auch der Erpressungsversuch gegen den Trainer Mr Paisley die Verbindung von Sascha zu Ihnen als Auftraggeber, Mr Clark, beweisen.«
Der Therapeut brach zusammen. »Aber ich wollte doch niemandem ernsthaft schaden. Mr Clark hat mich in der Hand. Ich habe Schulden und er versprach, sie zu bezahlen, wenn ich für ihn arbeite. Es sollte doch alles nur ganz harmlos sein, damit sein Sohn nach England aufs Internat kann. Ich hatte keine andere Wahl. Glauben Sie mir.«
»Sie Idiot«, schrie Mr Clark. »Sie sind gefeuert.«
»Und Sie sind festgenommen. Alle beide.« Der Officer zückte die Handschellen. »Mitkommen.«
»Dad?« Riley war aufgestanden.
Mr Clark drehte sich zu seinem Sohn um. »Ich habe das nur für dich getan. Weißt du, was mich deine Ausbildung bisher gekostet hat? Was, wenn alles umsonst gewesen wäre?«
»Nein, Dad, das hast du nicht für mich getan. Du hast es für dich getan. Ich hätte es auch ohne deine Machenschaften nach Europa geschafft. Ich wollte nie dein Geld. Ich wollte, dass du an mich glaubst.«
Mr Clark sah seinen Sohn sprachlos an und folgte dem Polizisten nach draußen.

Während sich alle Augen auf Mr Clark richteten, riss sich Sascha los und spurtete aus dem Haus. Er lief auf seinen Pick-up zu und versuchte zu fliehen. Sein Vorsprung war schon beachtlich, bevor jemand reagierte. Einer der Polizisten stürmte los, aber er würde ihn nicht mehr erreichen können. Da riss Peter Phil den Fußball aus der Hand, den dieser vom Platz mitgebracht hatte, und rannte nach draußen. Dort legte er sich den Ball vor den Fuß und schoss – dem flüchtenden Täter gezielt in die Beine. Der Physiotherapeut stürzte und der Polizist, der ihm gefolgt war, ergriff den Täter.

»Super, Peter«, jubelte Riley. »Vielleicht solltest du das Stipendium bekommen!«

Der Zweite Detektiv lachte.

Justus schlenderte zu Skinny hinüber. »Danke für deinen Hinweis.«

»Jetzt glaub aber nicht, dass wir die besten Freunde werden, Justus Mac Sherlock.«

Bob grinste. »Und, Skinny, wie war es, mal auf der richtigen Seite des Gesetzes zu stehen? Fühlt sich doch gut an, oder?«

Skinny kräuselte verächtlich die Lippen. In das Lachen der drei ??? konnte er nicht einstimmen.

Gratulation, du hast den Fall gelöst!

Die drei ???

Dynamische Bilder, fesselnde Geschichten

Tränen, Chaos, Weltuntergang! Eine unheilvolle Prophezeiung versetzt die Teilnehmer des Schlangenrituals im Haus der Hexe Daphne de Vol in Angst und Schrecken. Und kurz darauf stiehlt ein Einbrecher die wertvollen Schlangen. Noch während die drei ??? ermitteln, beginnt sich die Prophezeiung zu erfüllen …

128 Seiten, €/D 16,99
ISBN: 978-3-440-16298-9

128 Seiten, €/D 16,99
ISBN: 978-3-440-15471-7

128 Seiten, €/D 14,99
ISBN: 978-3-440-14123-6

kosmos.de/die_drei_fragezeichen

Preisänderung vorbehalten